命に通じる道

「山上の説教」講解

最上光宏

新教出版社

目次

目　次

1. 幸いなるかな！

マタイによる福音書5・1－12

マタイによる福音書の5章から7章までの記事は、一般に「山上の説教」と呼ばれています。主イエスが、山の上から、大勢の群衆と弟子たちに語られた教えだからです。

5章の1節にはこう記されています。「イエスはこの群衆を見て、山に登られた。腰を下ろされると、弟子たちが近くに寄って来た。そこでイエスは口を開き、教えられた」。

ここに記されている「群衆」とは、すぐ前の4章24節以下に記されている人々のことで、「いろいろな病気や苦しみに悩む者、悪霊に取りつかれた者、てんかんの者、中風の者など、あらゆる病人」を含む人々です。彼らは「ガリラヤ、デカポリス、エルサレム、ヨルダンの向こう側から」イエスの評判を聞いて集まって来たのです。主イエスは彼らの病を癒された後、山に登り、ついてきた大勢の群衆と側にいた弟子たちを前に、たいへん長い説教をされました。

もっとも、この説教は一度にこのままの形で語られたものではなく、随所で語られた主イエスの教えをマタイが一つの説教として纏《まと》めたものと言われます。しかしここには、主イエスご自身が弟子たちと群衆に直接語られた「説教」の原型が息づいているように思われます。私たちも、ガリラヤ湖を望む山上に招かれた人々の一人になった思いで、共に主のみ言葉に耳を傾けたいと思います。

この主イエスの「山上の説教」の特色は、何と言っても、まず「幸いなるかな」という祝福の言葉で始まっていることです。新共同訳聖書では、「心の貧しい人々は幸いである。……」、「悲しむ人々は幸いである。……」、「柔和な人々は幸いである。……」と続くわけですが、ギリシャ語の原文では、いきなり「幸いである」という言葉で語りかけられています。昔の文語訳聖書では、「幸いなるかな、心の貧しき者……」「幸いなるかな、悲しむ者……」「幸いなるかな、柔和なる者……」と、原文にそって訳されていました。

この「幸いなるかな」という言葉は、「おめでとう!」という意味の祝福の言葉です。主イエスの説教が、いきなり「幸いだ」という祝福の言葉で始まっているということは、たいへん意義深いことです。イエス・キリストの教えは、全ての人に幸いをもたらす「喜びの福音」なのです。しかし、そこに集まっていた多くの人々に、この主イエスの祝福の言葉は、どのように響いたでしょうか。群衆の多くの人々の現実は、決して「幸い」なものではありませんでした。この「山上の説教」の最後7章の終わりに、主イエスの説教を聴いた人々の反応が記されています。「群衆はその教えに非常に驚いた」と。それは「律法学者のようにではなく、権威ある者としてお教えになったから」です。律法学者の説教は、律法に基づいて、戒めを守らない人々は「わざわいだ」と説き、人々に安らぎを与えるものではありませんでした。しかし、主イエスの説教は、「幸いだ」「幸いだ」という祝福と慰めの言葉に満ちていたのです。その教えは人々にとって、まさに驚くべき「権威ある新しい教え」でした。

主イエスは、その「幸いである」という祝福の言葉を、3節から10節までの間に、同じ語調で8回繰り返して語っています（11節―12節は、10節の補足とみなされます）。


「心の貧しい人々は、幸いである。天の国はその人たちのものである。」

「悲しむ人々は、幸いである。その人たちは慰められる。」

「柔和な人々は、幸いである。その人たちは地を受け継ぐ。」

「義に飢え渇く人々は、幸いである。その人たちは満たされる。」

「憐れみ深い人々は、幸いである。その人たちは憐れみを受ける。」

「心の清い人々は、幸いである。その人たちは神を見る。」

「平和を造り出す人々は、幸いである。その人たちは神の子と呼ばれる。」

「義のために迫害される人々は、幸いである。天の国はその人たちのものである。」

この8つの祝福のうち、最初の4つは、主として、貧しく打ちひしがれている群衆に向けて語られた祝福の言葉と思われます。

ルカによる福音書の6章20節以下にも、同じような祝福の言葉が語られていますが、そこでは、「心の貧しい人々」がただ「貧しい人々」と記され、「義に飢え渇く人たち」が「今、飢えている人々」に、また「悲しむ人々」が「今泣いている人々」となっています。マタイ福音書の記者は、貧しくされている人々の内面に強調点をおき、あえて「心の貧しい人々」「義に飢え渇いている人々」と表現し、「今泣いている人々」の内面の「悲しみ」を強調しているように思われます。三番目の「柔和な人々」については、ルカ福音書には欠けていますが、ここで用いられている「柔和」とは、単に「心おだやかでやさしい」という意味ではなく、「打ち砕かれて、心低くされている状態」を意味する言葉です。生活の貧しさは、人間の心まで打ち砕き、心貧しくするものです。また肉体的な飢え渇きの中で、人は人生の不条理に苦しみ、義を待ち望むものです。主イエスは、そのような群衆の心低くされた貧しさ、虚しさ、悲しみに寄り添いつつ、「幸いである」「幸いである」と語られたのです。

群衆の多くは、自分たちは少しも幸せではない、むしろ不幸せだと思っていたかもしれません。それなのになぜ、主イエスは「幸いである」「幸いである」と言われるのか、疑問に思ったことでしょう。主イエスはそれに応えるようにして言われました。「天の国はその人たちのものである」、「その人たちは慰められる」、「その人たちは地を受け継ぐ」、「その人たちは満たされる」と。「天の国」とは、「神の国」（神の支配）のことです。この世は、人間の支配の故に、貧しい人々が不当に差別され、虐《しいた》げられ、不条理な悲しみに打ちひしがれているが、神の支配する「天の国」においては、富む者と貧しい者、権力の座にある者と虐げられている者の立場が逆転して、貧しいものが豊かにされ、低い者が高くされる。今やそのような神の支配が始まっているというのです。

この不条理な世界のどこに、そのような「神の国」（神の支配）の徴《しるし》があるのでしょうか。マタイ福音書の記者は、神のみ子である主イエス・キリストがこの世に来られ、「天の国の福音」を宣べ伝え、力ある業を為し始められたことの中に、「天の国」（神の支配）の到来の徴を見ているのです。そうだとすると、この「幸いである」「幸いである」と繰り返される祝福の言葉は、「神の国の到来」を高らかに告げる主イエスの宣言とみなすことができるのではないでしょうか。

主イエスは、この先のマタイ福音書11章28節で「疲れた者、重荷を負う者は、だれでも私のもとに来なさい。休ませてあげよう」と語られ、その根拠として、「わたしは柔和で心のへりくだった者だから……」と述べておられます。この「柔和」という言葉は、先ほどの「柔和な人々は幸いである」と語られたのと同じ言葉で「心低くされた者」という意味です。主イエスご自身が、自らへりくだり、打ち砕かれて心低くなられたのです。この主イエスの「へりくだり」について、使徒パウロは「フィリピの信徒への手紙」の中で「キリストは、神の身分でありながら、神と等しい者であることに固執しようとは思わず、かえって自分を無にして、僕の身分になり、人間と同じものになられました。人間の姿で現れ、へりくだって、死に至るまで、それも十字架の死に至るまで従順でした」（2・6－8）と記しています。また、コリントの信徒への手紙（二）の中では、「主は豊かであったのに貧しくなられた。それは主の貧しさによって、あなたがたが豊かになるためだったのです」（8・9）と述べています。

主イエス・キリストは、私たちの心の貧しさや、悲しみ、憂いなど、すべての重荷を背負って、十字架の道を歩まれ、尊い命を犠牲にされました。その主イエス・キリストのへりくだり（貧しさ）の故に、私たちはすべての重荷から解放され、心豊かにされ、永遠の安らぎを約束されたのです。

「幸いである」という主イエスの「祝福」の後半の四つは、どちらかと言うと、主イエスに従って来た弟子たちに向けて語られた言葉ではないかと思われます。「憐れみ深い人々は幸いである」、「心の清い人々は幸いである」、「平和を実現する人々は幸いである」、「義のために迫害される人々は幸いである」。ここには、主に召され、主に従う者たちの「あるべき姿」が示されています。弟子たちの現実は、「憐れみ深い」どころか、自己中心で、互いに「誰が偉いか」などということで言い争っている状態でした。「心の清い人」とはとても言えず、「平和を実現する」どころか、分争を引き起こすこともありました。また、「義のために迫害される」どころか、主イエスを見捨てて逃げ去るような弱さを抱えていました。その弟子たちの弱さと愚かさは、私たちの姿でもあります。

「憐れみ深い人」、「心の清い人」、「平和を実現する人」、「義のために迫害される人」とは、本来、主イエスにのみ相応《ふさわ》しい表現です。主イエスに従うことは、主イエスの生き方に倣《なら》うことです。主イエスの「憐れみ」にあずかって「憐れみ深い人」となり、その「清さ」に触れて「心の清い人」となり、「平和を実現し」、「義のために」命をかけて闘う。

そのような生き方を、主は「幸いであると」と祝福されたのです。そのように「十字架を負って主に従う」者こそが、神の「憐れみを受け」、「神の子」として、「天の国を受け継ぐ」と言われたのです。

私たちの「幸せ」は、自分のために地上に富を蓄えたり、この世の力や名声を得たり、肉の欲を満たすことにあるのではありません。主に招かれ主に従う者とされた弟子たちや私たちにとって、「真の幸せ」とは、主の恵みに喜びと感謝をもって応え、主のみ足の跡に従い続けることにあるのです。ともに神の義と平和を実現する者として、「幸いなるかな」との主の祝福にあずかりたいものです。

2. 地の塩・世の光（平和聖日説教）

マタイによる福音書5・13－16

8月の第一日曜日を、教会では「平和聖日」と呼んで、特に世界の平和のために祈る日と定めています。日本において8月は、6日に広島、9日に長崎に原子爆弾が投下され、15日に敗戦を迎えた忘れてはならない月です。敗戦から80年近くになりますが、あの太平洋戦争において日本では310万人もの命が犠牲になりました。アジア全土において日本人によって奪われた人々の命は2千万人以上と言われます。あの戦争は明らかに間違った侵略戦争でした。しかし日本の国は、未だにあの戦争に対して明白な罪責の告白をせず、戦争を美化するような傾向さえ見られます。

そのような中で日本基督教団は、遅ればせながら、戦後22年経った1967年のイースターに、当時の総会議長・鈴木正久の名で、「第二次大戦下における日本基督教団の責任についての告白」（略称「戦責告白」）を公にしました。これは教団成立25周年にあたって、教団の成立と戦時下に教団の名において犯した過ちを懺悔告白し、明日にむかっての決意を表明した画期的な文書です。

「明日」（未来）に向って前に進もうとする時、大事なことは、過去の歩みを顧み、その過ちを反省し悔い改めるということです。ドイツの元大統領のヴァイツゼッカーは、ドイツの敗戦40年を記念した演説の中で、「過去に目を閉ざす者は、結局のところ、現在にも目を閉ざすことにもなります。非人間的な行為を心に刻もうとしない者は、またそうした危険に陥りやすいのです」と、ナチス時代のことを徹底的に反省して、これからのドイツの国のあり方について共に模索しようと呼びかけました。これが歴史に対する誠実な姿勢だと思います。

私たち日本人の体質として、過去の過ちや嫌なことは水に流して忘れ、過去を美化して懐かしむ傾向が強いように思います。過去に対して正しい清算がなされないところに、未来に対する新しい歩みは生まれません。主イエスは、神の国の到来を告げる福音宣教の第一声を、「悔い改めよ」という言葉で始めました（マタイ4・17）。神の前にまず謙虚に自らの歩みを省み、「罪」を懺悔告白し、主の赦しを請うことから、新しい歴史が始まるのです。ナチズムと闘って多くの犠牲者を出したドイツの「告白教会」は、戦後直ちに「罪責告白」を公にし、さらにいくつもの新たな告白文を生み出しました。それがドイツの教会と国家の新しい出発の大きな原動力になったと言われます。日本において、教会がそのような闘いも役割も果たし得なかったことは誠に残念なことでした。

日本において教団の「戦責告白」は、未だに十分な理解が得られたとは言えず、不徹底な扱いを受けていることを残念に思います。「戦責告白」が正しく受け止められない要因の一つに、あの戦時下において教会は「被害者」であって、「加害者」ではなかったという思い込みがあるためではないでしょうか。たしかに教会はあの戦時下にあって、「敵国の宗教」という扱いを受け、様々な圧迫や迫害を受けました。「教団」の成立自体、戦争遂行という国策のため、30余派の教会が無理やり一つに統合させられた結果です。そのため教団は、「皇国の道に従いて信仰に徹する」（教団規則第7条）という、天皇を神とする国家に仕え、戦争に協力する報国団体となったのです。神社参拝が強要され、「国民儀礼」として、主日礼拝の中で皇居遥拝や君が代斉唱などが求められ、礼拝説教までが厳しくチェックされました。再臨信仰を強調したホーリネス系の教会などは、治安維持法の下で弾圧され、１３４名もの牧師が検挙され、２６４もの教会・伝道所が解散処分を受けました。

教団の「戦責告白」が出された時、私は神学校を卒業する間際でした。この原案が提示された時、正直言って私にもその趣旨がよく理解できませんでした。戦時下の教会は国家の犠牲者（「被害者」）であって、教団に戦争の責任があるとは思えなかったからです。この件について神学校の寮でも話題になり、後輩の畏友、澤正彦兄（故人）と議論したことがあります。彼は、以前から朝鮮半島の教会の歴史に深い関心を抱いており、朝鮮半島において日本軍が犯した数々の残酷非道な過ちを指摘し、その背後にある日本の教会の責任について縷々《るる》語りました。例えば教団は、多くの牧師をアジアの各地に派遣して、現地の人々に日本軍に協力するよう呼び掛ける「宣撫班《せんぶはん》」としての役割をしたこと。ことに各地に建てられた日本の神社を参拝することを奨励し、天皇を神としてその命令に服すべきことを強要したことなどです。朝鮮半島では多くのキリスト者がそれを「偶像礼拝」として拒否したため、多くの牧師・信徒が日本の官憲によって逮捕され殺害されたのです。それらの事例を涙ながらに語る友の言葉に、私は改めて戦時下の教会の歴史を、「加害者」としての視点からとらえ直し、教団の「戦責告白」の意義を理解するようになりました。

この「戦責告白」の中に、「まことにわたくしどもの祖国が罪を犯したとき、わたくしどもの教会もまたその罪におちいりました」とあります。日本の国が犯した戦争の過ちは、「教団」の負うべき罪でもあり、「教団」の犯した過ちは、教団に属する私たち一人一人が、担うべき罪責なのです。

この「戦責告白」の中心的な言葉は、本文の中央にある『世の光』『地の塩』としての教会は、あの戦争に同調すべきではありませんでした」という文言です。この「世の光」「地の塩」という言葉は、言うまでもなく、マタイによる福音書5章13節、14節からの引用です。主イエスはここで「あなたがたは地の塩である」、「あなたがたは世の光である」と言われました。この「あなたがた」とは、言うまでもなく、主イエスの招きに応えて従って来た弟子たちのことです。彼らは大勢の群衆に取り囲まれて、為すすべもなく主イエスの「近くに寄って来た」（1節）のです。弟子たちは、大勢の貧しさに打ちひしがれた人々、さまざまな悲しみや、世の不条理に苦しむ人々を前に、何もしてやれない自分たちの無力さを痛感し、ただ主イエスの近くに身を寄せることしかできなかったのです。そのような弟子たちに主イエスは「あなたがたは地の塩である」、「あなたがたは世の光である」と言われたのです。

「地の塩」にしても「世の光」にしても、この地・この世にとって、かけがえのない貴重な存在です。

塩がなければ、地上の生物は生きられません。光のない闇の世界で、人はどうして生きていけるでしょうか。主イエスは、大勢の群衆に圧倒され自らの無力さ無能さに打ちのめされているような弟子たちに、「あなたがたは決して何もできない無用な存在ではない。否、無くてはならない大切な存在なのだ」ということをまず示されたのです。

「地の塩」には、無味なものに味を付ける調味料としての役目や、腐敗を防ぐ防腐剤としての役割、「穢《けが》れ」を浄める宗教的な意味さえあります。「光」は、闇を照らすだけではなく、人々に生きる希望と勇気を与えます。東日本大震災の時、罹災して家を失った人たちから、漆黒の夜の闇の中で、夜空に輝く星の光に生きる希望を与えられた、という話を聞いたことがあります。

「地の塩」「世の光」とは、本来、主イエスにこそ相応しい譬えです。ヨハネ福音書の中で主イエスは、「わたしは世の光である。私に従う者は暗闇の中を歩かず、命の光を持つ」（8・12）と言われました。主イエスこそ真の「世の光」であり、私たちの命の源である「地の塩」なのです。

その主イエスが、弟子たちに「あなたがたは地の塩である」、「あなたがたは世の光である」と言われたのは、決して自明のことではありません。驚くべきことです。主イエスはこの言葉によって、主に招かれ、主に結ばれている弟子たちもまた、キリストの塩味にあずかって「地の塩」となり、キリストの光を受けて「世の光」とされている、というのです。冷たい岩石の塊でしかないような月や星が、太陽の光を受けて夜空に美しい光を放つように、無力で何もできないような弟子たちも、闇を照らす「光」としての役割を果たすのです。

主イエスがここで「地の塩となれ」「世の光となれ」とは言わず、「地の塩である」「世の光である」と断言されたことは、重要なことです。私たちは無力で不完全なものですが、主にしっかりつながっていることによって、主の恵みによってすでに「地の塩」「世の光」とされているのです。

この主イエスのみ言葉は、主に従う弟子たちのこの世における存在意義を明らかに示したみ言葉であると同時に、彼らの周りにいる多くの人々（群衆）に対する使命と責任を諭《さと》した言葉でもあります。

主イエスによって召され、主に従う者たちの集まりは、自己目的のための集まり、つまり自分たちだけが満ち足りればよいという集まりではなく、「世のための集まり」である、ということです。キリストがこの世のために来られ、この世のために十字架の道を歩まれたように、主によって呼び集められた群れも、「世のため」に存在する集まりであるということです。カール・バルトは「教会は世のために存在する時にのみ、教会である」ということを強調しました。自己目的化して、自分たちの個人的・内面的な安泰や幸せだけを求める教会は、少なくとも「キリストの体」とは言えないのです。

教団の「戦責告白」は、この「世の光」「地の塩」という言葉を用いることによって、日本の教会は、あの戦時下において、この世に対する使命と責任を十分に果たし得なかったことを、率直に反省し主の赦しを乞うているのです。「わたくしどもは『見張り』の使命をないがしろにいたしました」と。「見張りの使命」とは、預言者的使命のことです。旧約の預言者たちは、エリヤにしても、イザヤ、エレミヤにしても、それぞれの時代の中で、時代の流れに流されたり、権力におもねたり、この世に同調することなく、時のしるしを見極めて、その時々に必要な神のみ心を証ししました。そのために孤独な闘いを強いられましたが、彼らは「まさに国を愛する故にこそ、……祖国の歩みに対して正しい判断をなす」道しるべとなったのです。

教団の「戦責告白」は、そのような「見張りの使命をないがしろにし」、「教団の名において、あの戦争を是認し、支持し、その勝利のために祈り努めた」ことを懺悔《ざんげ》告白し、「主に赦しを願うとともに、世界の、ことにアジアの諸国、そこにある教会と兄弟姉妹、また我が国の同胞に心からの赦しを乞う次第であります」と謝罪しています。この「戦責告白」によって、アジアの諸教会との和解の道が開かれ、沖縄の教会との合同が成立しました。なによりも大事なことは、この告白によって、教会と国家との関係が明確に示され、この世に対する使命が明らかにされたということです。

この「戦責告白」の最後は、「わたしどもの愛する国は、今日、多くの問題をはらむ世界の中にあって、ふたたび憂慮すべき方向に向かっていることを恐れます。この時点においてわたしどもは、教団がふたたびその過ちを繰り返すことなく、日本と世界に負っている使命を正しく果たすことができるように、主の助けを求めつつ、明日にむかっての決意を表明するものであります」と結ばれています。

この「戦責告白」から56年、敗戦後78年を迎えようとしている今、世界と私たちの国は、かつて以上に憂慮すべき方向に向かっています。今や「新しい戦前」とも言われる状況です。私たちは今一度、「地の塩」「世の光」としての自覚をもち、主イエス・キリストの塩味をもってこの世に仕え、与えられている光を高く掲げて、「平和を実現する」ために祈り努めたいと願います。

3. まされる義

マタイによる福音書5・17―20

主イエスは「山上の説教」の冒頭で、大勢の群衆と弟子たちに対して、まず「幸いである」という祝福を与え、弟子たちに「あなたがたは地の塩である」「世の光である」と言われました。主イエスはこのような言葉で、主に従う者の幸いと、この世における彼らの存在意義について語られました。「あなたがたは、決して無意味で無力な存在ではない。この世にあって、祝福された意味のある大切な存在として招かれているのだ」と。

それに続くマタイ福音書5章17―20節は、「わたしが来たのは……」で始まるように、主イエスご自身がこの世に遣わされてきた意味について語られた言葉です。「山上の説教」は、いよいよここから本題に入る、と見ることが出来ます。

主イエスがこの世に来られた意味は何か？　恐らく、弟子たちも群衆も、固唾《かたず》をのんで次の言葉を待ったのではないでしょうか。自分たちを「幸いだ」と祝福し、「地の塩」、「世の光」とまで言われた主イエスは、私たちにさらにどんな恵みを与えて下さるのか？

誰しもそのような期待を抱いたのではないかと思います。しかし、主イエスの口から語られた言葉は、意外なものでした。イエスはこう言われたのです。「わたしが来たのは、律法や預言者を廃止するためだ、と思ってはならない。廃止するためではなく、完成するためである」。

「律法と預言者」とは、広い意味で「旧約聖書」を意味する言葉ですが、狭い意味では、モーセを通して神から与えられた掟《おきて》（「律法」）を意味します。当時のユダヤ人たちは、みな律法の掟に縛られて、喘《あえ》いでいました。律法学者やファリサイ派の人々が、それこそ律法の一点一画をも粗末にしてはならないと目を光らせて、律法に少しでも違反する者がいると、「罪人」として糾弾していたからです。群衆の多くは、貧しさや身心の病や障害のために、律法を完璧に守ることが出来ず、律法学者たちから軽蔑され差別されていました。主イエスはそのような人々に、「疲れた者、重荷を負う者は、だれでもわたしのもとに来なさい。休ませてあげようと」（11・28）と言われました。当時の人々の「疲れ」と「重荷」は、主として律法の枷《かせ》によるものだからです。

それだけに、ここで主イエスが「わたしが来たのは、律法を廃止するためではなく、完成するためだ」と言われ、「最も小さな掟を一つでも破る者は、天の国で最も小さい者と呼ばれる」などという言葉を聞かされるとは、思いもよらないことだったと思います。この主イエスの言葉は、私たちにとっても「おやっ」と思わせるような言葉ではないでしょうか。なぜなら、主イエスは、律法の掟に縛られない自由な振舞いをされ、しばしば律法学者やファリサイ派の人々と論争していたからです。

にもかかわらず、主イエスはここで、はっきりと言われたのです。「わたしが来たのは、律法や預言者を廃止するためではなく、完成するためである」と。この「完成する」という言葉は、前の口語訳聖書では「成就する」と訳されていました。これは「本来のあるべき姿に成し遂げる」という意味です。

一般に「法」というものには、法の理念というか基本精神というものがあります。そういう理念とか基本精神のようなものが見失われると、どんな立派な法でも、それを運用する人の恣意《しい》や都合によって、勝手に解釈され、間違って運用されることになるのです。

たとえば今話題になっている「日本国憲法」の場合でもそうです。「憲法」は本来、国民を守るためにあるもので、政治を縛るためのものです。ですから政府には「憲法」を正しく守り、「憲法」に従って国民の人権と平和を守る義務と責任があるのです。国の主権はあくまでも国民にあるのですから、政権の座にあるものが憲法を無視したり、勝手に解釈したり変更したりすることは許されません。特にこの「日本国憲法」は、あの悲惨な戦争の体験から、「政府の行為によって再び戦争の惨禍が起こることのないようにすることを決意し」（前文）、主権が国民にあることを明記し、戦争のための武力はもたず、「武力による威嚇や行使は国際紛争を解決する手段として永久に放棄する」（9条）と制定したのです。しかしわが国は、いつの間にか、世界有数の軍事国家になり、海外にまで行って戦争できる国になってしまいました。政府はその現状を正当化し、さらにそれを推し進めるために、「憲法」そのものを変えようとしているわけです。最近では、「先取防衛」という従来の立場を勝手に変えて「敵基地攻撃能力」を持ち、ミサイルによる「先制攻撃」すら可能にしようとしています。これは、明らかに憲法の基本精神である平和主義と国民主権の原理に反し、戦争への道に逆戻りすることです。「法」の適用や解釈は、あくまでも、その法の基本精神に基づいて慎重に為されるべきものです。

ユダヤの「律法」は、一般の法とは違い、神から「契約の徴《しるし》」として与えられた戒めでした。その基は、シナイ山において神から与えられた「十戒」です。モーセを通してイスラエルの民に与えられた「十戒」は、出エジプト記20章1節－17節に記されていますが、この「十戒」にも短い「前文」があります。「わたしは主、あなたの神、あなたをエジプトの国、奴隷の家から導き出した神である」（2節）という主なる神の言葉です。この前文に続いて、第一戒「あなたには、わたしをおいてほかに神があってはならない」。第二戒「あなたはいかなる像も造ってはならない」……と、十の戒めが続くわけです。つまり、「十戒」は単なる戒律ではなく、神の選びと救いの恵みに対する民の応答の指針であり、感謝と喜びをもって主に従う道しるべであったのです。

ところが時代が経つにつれて、次第に民の間にそのような神との生き生きとした関係（交わり）が希薄になり、戒めをただ几帳面に守ることによって、神の「義」を得ようと努めるようになったのです。その結果、一つ一つの戒めを厳守するために、細かな無数の規則を設け、膨大な戒めからなる「律法」が生まれたのです。その膨大な戒めを研究し、それをさらに人々の間に徹底させるために指導監督したのが、「律法学者」や「ファリサイ派」の人々です。

彼らは、たとえば「十戒」の中の第四戒「安息日を覚えて、これを聖とせよ」という戒めを厳守するために、安息日にしてはいけないことと、しても良いことを細かに定め、家から何10メートル以上出てはいけないというような規則まで定めて、それを守るように厳しく指導していたのです。それに対して主イエスは、安息日にも病人を癒すなど自由に振舞い、「安息日は人のために定められた。人が安息日のためにあるのではない。だから、人の子は安息日の主でもある」（マルコ2・27）と述べられたのです。主イエスは、律法そのものを「ナンセンス」と否定しているのではなく、律法の本来の意図を明らかにして、神と民との生きた契約関係を回復させようとされたのです。「そのためにわたしは来た」と宣言されたのです。「法」を生かし「完成させる」ためには、基本に立ち戻り、初心に立ち帰ることが大切なのです。

古い言葉に「多岐亡羊《たきぼうよう》」という言葉があります。道が細かく分かれすぎて羊が迷う様を意味しますが、当時の律法学者・ファリサイ派の人々は、まさに細分化され、多岐に広がった律法の戒めを前に、律法の本質を見失い、最も大切な道を見失っていたのです。マタイ福音書22章34節以下に、律法学者の一人が、主イエスに「先生、律法の中でどの掟《おきて》が最も重要でしょうか」と尋ねています。イエスを試そうとしたのですが、この問いは彼ら自身が模索していた問いでもあったのです。それに対して主イエスは「『心を尽くし、精神を尽くし、思いを尽くして、あなたの神である主を愛しなさい』これが最も重要な第一の掟である。第二もこれと同じように重要である。『隣人を自分のように愛しなさい』律法全体と預言者は、この二つの掟に基づいている」と答えられました。「最も重要な掟は?」という問いに、主イエスは「第一」と「第二」の二つの掟を示されたのです。この二つは切り離すことのできない掟であるからです。この第一の掟は申命記6章5節の「シェマー」と呼ばれ、神との関係における最も基本的な掟です。第二の誡めはレビ記19章18節などに記されている隣人愛の掟です。「律法」の中心は、「主なる神を心から愛する」ことと、「隣人を自分のように愛すること」に尽きると、主イエスは諭されたのです。モーセの「十戒」も、前半の四つは神との関係についての掟、後半の六つは隣人との関係についての誡めです。神の愛と恵みに応えて、「神を愛し、隣人に仕える」こと。ここにこそ、「律法」の根幹があり、「それを完成(成就)するために、わたしは来た」と主は言われたのです。

主イエス・キリストが、この世に遣わされ、十字架の道を歩まれたのは、私たちに身をもって神の愛を示すためでした。それによって、私たちが真心から神を愛し敬い、隣人と共に生きるためです。

主イエスは、最後にこう言われました。「言っておくが、あなた方の義が律法学者やファリサイ派の人々の義にまさっていなければ、あなたがたは決して天の国に入ることはできない」と。

「律法学者やファリサイ派の人々の義」とは、律法をただ形式的に守り行うことで、自らを義と認めるようなものでした。しかし、主イエスが求める「勝れる義」とは、神から与えられる義です。私たちは、ただ信仰によって神さまから「義」と認められるのです。常に信仰の原点に立ち帰り、主イエス・キリストを通して示された神の義と愛に応えて、心から神を愛し、隣人に仕え、神の義を証しする者でありたいと願います。

4. 殺してはならない

マタイによる福音書5・21－26

前回学んだマタイ福音書5章17節－20節で、主イエスは「わたしが来たのは、律法や預言者を廃止するためだ、と思ってはならない。廃止するためではなく、完成するためである」と言われました。

主イエスはこの言葉で、旧約聖書の律法とご自分の語る教え（福音）は、決して無関係のものではなく、むしろ「私の教えは、律法を完成するものであり、わたしはそのために来た」と言われたのです。その「律法」の基礎をなすのが、モーセの「十戒」です。

この「十戒」は、エジプトの奴隷であったイスラエルの民が、神の憐れみによってその奴隷の地から解放され、約束の地へと導かれたその途上、シナイ山で与えられた神の言葉です。この「十戒」は、神とその民イスラエルとの「契約」の徴《しるし》であり、神から選ばれた民が、その恵みに応えて、喜びと感謝をもって主に従うための「道しるべ」でもありました。この10の戒めは、神とのあるべき関係を示した前半の4つの戒めと、人と人とのあるべき関係を示した後半の6つの戒めから成り立っています。つまり、この十戒の内容は、「神を神として崇め、人を人として愛しなさい」ということに尽きるのです。この神を神として愛し敬うことと、人を人として愛することとは、一つのことであり、それを成就するためにこそ、主イエス・キリストは来られたのです。

主イエスは、前回の20節で「あなた方の義が律法学者やファリサイ派の人々の義にまさっていなければ、決して天の国に入ることはできない」と言われ、続く21節―48節で、「律法」の中から六つの戒めを取り上げて、「しかし、わたしは言う」という形で、これまでの律法理解と全く違う新しい理解を示されました。主イエスはそのことによって、「よりまさった義」を示されたのです。その内容は、これまでの人々の律法理解と比べてあまりにも斬新《ざんしん》であることから、一般に「アンチテーゼ」(「反対命題」とか「対立命題」)と呼ばれています。

その最初に取り上げられた律法の掟《おきて》が、「殺すな」という戒めです。「あなたがたも聞いているとおり、『殺すな。人を殺した者は裁きを受ける』と命じられている。しかし、わたしは言っておく。兄弟に腹を立てる者はだれでも裁きを受ける。兄弟に『ばか』と言う者は、最高法院に引き渡され、兄弟に『愚か者』という者は、火の地獄に投げ込まれる」。

「殺すな」という戒めは、「十戒」の中の第六の戒めです。隣人に対する戒めの中でも、最も基本的な戒めです。「人殺し」がいけないこと、それが最も重い犯罪であることは、昔も今も変わりありません。

しかし、最近、人の命が実に軽く扱われるようになり、年々凶悪な殺人事件が増えてきているようです。しかも、犯人の口から「誰でもいいから、人を殺してみたくなった」という動機さえ聞かされるようになりました。1997年に、神戸で14歳の中学生が2人の小学生を惨殺し、さらに数名の児童を殺す目的で傷つけた「連続児童殺傷事件」がありました。この事件の異常性は、その少年が人を殺すことに快感を覚えたということでした。その少年が取り調べに際して、「なぜ人が人を殺していけないのですか?」と問うた言葉を私は忘れることが出来ません。当時、どのマスコミも「驚いた」という反応を示したものの、この問いに誰も答えようとはしませんでした。答えることができなかったのです。

「人を殺してなぜ悪いのか?」。この問いに対する正しい答えは、聖書からしか出てきません。「人を殺すな」という神の戒めがそれなのです。なぜ神は「人を殺すな」と言われるのでしょうか? 人の命は、誰のものでもなく神のものだからです。つまり私たちは、誰でも、自分の力で生きているのではなく、人間を越えた主なる神によって生かされている存在であるということです。創世記には、「神は土の塵《ちり》で人を形づくり、その鼻に命の息を吹き入れられた。人はこうして生きる者となった」（2・7）と記されています。人はたしかに、土から造られて土に帰るような、はかない存在ですが、神から命の息を吹き込まれて生かされている存在なのです。しかも、「人は神にかたどって創造された」（1・27）とあります。「神にかたどって」とは、神に向き合う存在として、神の愛の対象として造られていることを意味します。どんな生物の命も大切ですが、人が猫や犬など他の動物と決定的に違うのは、人は「神のかたち」を宿しているということです。

「人を殺してはならない」という神の戒めは、そのような背景をもって語られています。それにもかかわらず、この歴史の中で何と多くの人の命が、人の手によって奪われ、殺し殺されるという悲惨なことが繰り返されてきたことでしょう。戦争は、国と国、民族と民族の「大量殺人」に他なりません。死刑制度も国家による人殺しだと私は思います。他人の命を殺害することは勿論のこと、自分の命を自ら絶つことも、本来あってはならないことだと思います。「命」は神からの賜物であり、神が「殺してはならない」と言われるからです。

それでは、人の命や自分の命を殺さなければ、それでよいのでしょうか。私たちの多くは、自分は「人殺し」とは無縁だと思っています。おそらく当時の多くのユダヤ人たちも、人殺しなどしていないということで、自分たちは掟を守っていると考えたことでしょう。そしてこの掟を破った者に対しては、「命には命をもって報いるべきだ」という考えのもとに、報復の殺人を正当化し、石打の刑による死刑をも正当化していたのです。それが、「律法学者やファリサイ派の人々の義」であったのです。

それに対して主イエスは言われました。「しかしわたしは言っておく、兄弟に腹を立てる者はだれでも裁きを受ける。兄弟に『ばか』と言う者は、最高法院に引き渡され、『愚か者』と言う者は、火の地獄に投げ込まれる」と。これは驚きです。「腹を立てる」ということは、誰でも日常的にしていることです。長引くコロナ禍や、物価高、時代の閉塞感の中で、大人も子供もみんないらいらして、ちょっとしたことで、怒り「腹を立てる」ことが多くなっているようです。主イエスはここで、「腹を立てること＝（イコール）人殺し」という短絡的なことを言っているわけではありません。いらいらし、怒るということは、誰にでもある自然な感情です。政治などの不正や虚偽、非人道的なことに対して、怒ることはむしろ大切なことでもあります。「腹を立てる者は裁きを受ける」とは、その怒りが正しいか正しくないかは、神が判断されるということです。

パウロは、エフェソの信徒への手紙の中で「怒ることがあっても罪を犯してはなりません。日が暮れるまで怒ったままでいてはなりません。悪魔にすきを与えてはなりません」(4・26)と述べています。怒りそのものが罪なのではなく、怒りを長引かせて、憎しみや敵意に変えないように注意せよと諭しているのです。創世記4章に、アダムの子カインが、弟のアベルを殺害した最初の殺人事件が記されています。カインの殺人の動機は、自分の献げ物が神に喜ばれなかったという些細《ささい》な妬《ねた》みでした。腹を立てて顔を上げようとしないカインに、神は「お前の怒りが正しいなら顔を上げなさい。正しくないなら、罪が戸口で待ち伏せしている」と注意しましたが、カインは怒りを抑えきれず、ついにアベルを殺害してしまったのです。自分の感情に支配され、神の御心に従うことができなかったのです。どんなに腹を立てても、その怒りが神の前に正しいかどうか判断し、主のみ心に従う冷静さを保ち続けたいものです。

誰かに腹を立てた時など、つい口に出る言葉は、「ばか」とか「愚か者」という相手を誹謗《ひぼう》する言葉です。「ばか」も「愚か者」も同じような意味ですが、どちらかというと、「ばか」は知的能力に欠けていることを意味し、「愚か者」は道徳的判断に欠如している場合に用いられるようです。しかしいずれの場合も、この言葉は、自分を正しく賢い者とみなして、相手を無知で無能な者と決めつける差別用語です。私たちは、何気なく気軽にこのような言葉を口にすることがありますが、それによって、言われた相手がどれだけ不快に思い、傷つくかを考える必要があります。主イエスは、そのような不用意な言葉で、隣人を傷つけ、相手の人格を否定することも、「人を殺す」ことに通じる、と見なしているのです。人間の価値は、能力や、役に立つか立たないかという機能的な面から判断してはならないのです。

２０１６年7月、相模原の障碍者施設（津久井やまゆり園）で、元職員であった男性が、障害者19人を次々と刺し殺し、入所者と職員26人に重軽傷を負わせたという事件がありました。その犯人が口にした言葉は「こいつらは、生きていてもしょうがない。家族や国のために死んだ方が幸せだ」という衝撃的な言葉でした。ヒットラーが、６００万人ものユダヤ人と20万人以上の障害者を殺害したのも同じような「優生思想」によるものでした。人間が人間を好き嫌いによって差別したり、「役に立つかどうか」という観点から区別し、存在価値を判断するようなことは、創造者なる神の領域を犯し「人を殺す」ことにつながるのです。どのような人の命も、神の前に等しく尊いのです。

23節以下で主イエスは、二つの例を上げて、仲直りし、互いに和解することの大切さについて述べています。最初の例は、「祭壇に供え物を献げようとし、兄弟が自分に反感をもっているのを思い出したなら、その供え物を祭壇の前に置き、まず行って兄弟と仲直りをし、それから帰って来て、供え物を献げなさい」というものです。もう一つの例は、「あなたを訴える人と一緒に道を行く場合、途中で早く和解しなさい」というものです。この例はどちらも、隣人との和解の大切さを強調したものです。自分が一方的に相手から反感をもたれ、訴えられた場合でも、自分の方から進んで、直ぐに和解するように、と勧めているのです。祭壇に供え物を献げる行為は、ユダヤ人にとっては大切な礼拝儀式ですが、形式的な儀式よりも、まず敵対している兄弟と和解してから、真心こめて礼拝することが大切だというのです。ヨハネの手紙一の中に、「神を愛していると言いながら、兄弟を憎む者がいれば、それは偽り者です。目に見える兄弟を愛さない者は、目に見えない神を愛することができません。神を愛する人は兄弟をも愛すべきです」(4・19)とあります。神を神として愛し敬うことと、人を「隣人」として自分のように愛し受け入れることは、切り離してはならない一つのことなのです。

「殺すな」という律法の戒めから、主イエスはどのような人の命をも大切にし、自分に敵意を抱く者や、裁判に訴える者とも早く和解し、共に平和に生きることこそ、主なる神のみ心であることを諭《さと》されたのです。

ウクライナにロシア軍が侵攻し、激しい戦争が始まって一年半になります。未だに停戦の目途すらたたず、毎日多くの尊い命が失われています。戦争の拡大と核兵器の使用さえ懸念されています。「早く和解しなさい」との主イエスのみ言葉に、今こそ謙虚に耳を傾けなければならないと思います。

「殺してはならない」。主イエス・キリストはこの神の戒めを成就するためにこそ、この世に来られ、自らの生と死を通して、命の大切さを示され、和解への道をひらかれたのです。エフェソの信徒への手紙の中に、「キリストはわたしたちの平和であります。……ご自分の肉において敵意という隔ての壁を取り壊し、……両者を一つの体として神と和解させ、十字架によって敵意を滅ぼされました」（2・14－16）とあります。私たちはまことに小さく無力な群れですが、このキリストによって神との和解を与えられた者として、命の尊さを訴え、和解と平和を実現するために祈り努める者でありたいと願います。

5. 姦淫してはならない

マタイによる福音書5・27―32

主イエスは、マタイ福音書の5章17節で「わたしが来たのは律法や預言者を廃止するためだ、と思ってはならない。廃止するためではなく、完成するためである」と言われました。そのことを具体的に示すために、主イエスは5章21節―48節で、無数の律法の戒めの中から6つの戒めを選んで、「あなた方も聞いているとおり、……と命じられている。しかしわたしは言っておく……」という同じ形の言い方で、ご自身の見解を述べられました。それは、当時の人々が理解していたのとは全く異なる「新しい教え」であったことから、一般に「アンチテーゼ」(反対命題)と呼ばれています。

その最初に取り上げられたのが21節以下の「殺してはならない」という十戒の中の第六の戒めでした。当時の人々は、これを文字通り「殺人」さえ犯さなければ、それでよいと理解していたわけですが、主イエスは、兄弟に対して腹を立て、「ばか」とか「愚か者」と言って人をなじったり、けなしたりすることも人を殺すことに通じると説き、相手の命を尊重し、互いに愛し合い、和解し合うことの大切さを示されました。

それに続くこの27節−30節では、「姦淫《かんいん》してはならない」という十戒の中の第七の戒めが取り上げられました。「あなた方も聞いているとおり、『姦淫するな』と命じられている。しかし、わたしは言っておく。みだらな思いで他人の妻を見る者はだれでも、既に心の中でその女を犯したのである」。

「姦淫」とは、国語辞典によると「男女の不道徳な情事」、「不正な肉体関係」とあります。具体的には、夫婦以外の不純な肉体関係を意味する言葉です。ユダヤの社会では、早い時期から厳しい一夫一婦制がとられ、夫婦は互いに真実な愛をもって助け合うべきものとされて来ました。これは、一夫多妻やそばめや側室をもつことが普通であった当時の世界では珍しいことでした。このユダヤの厳しい一夫一婦制の背後にあったものは、神とイスラエルとの契約関係が影響していたと思われます。イスラエルの民にとって、神はただ一人であって、その神によって選ばれ愛された民は、その神の真実な愛に応え、真実をもって愛し仕えることが求められ、他の神々を拝むことは厳しく禁じられていました。エレミヤやホセアという預言者たちは、まことの神以外の神々（偶像）に仕えることを「姦淫」という言葉で言い表し、まことの神に立ち帰れ、と訴えました。イスラエルの民にとって、神以外の「偶像」を礼拝することが罪であるように、結婚によって結ばれた相手を裏切り、他の男または女と関係をもつ「姦淫」は、「殺人」と同じくらい重い罪とみなされたのです。レビ記（20・10）や申命記（22・24）などには、姦淫を犯した男も女も「石打の刑」に処せられなければならないと記されています。

次の31節で取り上げられている「妻を離縁する者は、離縁状を渡せ」（申命記24・1－3）という戒めも、そのような関連でとりあげられたものと思われます。主イエスは「不法な結婚でもないのに妻を出す者はだれでも、その女に姦通の罪を犯させることになる」と、安易な離縁を戒め、結婚における契約関係を重んじ、家庭を大切にすべきことを勧めておられます。

戒めとか規則というものは、時がたつと、その本来の深い意味が忘れられ、勝手に解釈されたり、形式的なものになりがちです。この「姦淫してはならない」という戒めも、姦淫という行為に至らなければよいとか、人目に付かなければよいなどと、安易に受け止められていたのではないかと思われます。

それに対して主イエスは、この戒めを、単に外的な行為の問題として捉えたのではなく、内的な心の問題として捉え、人目よりも、すべてを見通しておられる神の前にどうか、ということを説かれたのです。「しかし、わたしは言っておく。みだらな思いで他人の妻を見る者はだれでも、既に心の中でその女を犯したのである」と。私たちは、外に現れた行為や外観だけで事柄を判断しますが、主イエスは、「心の中」を問題とされます。目に見えない心の中まで見通しておられる神の前に、正しいかどうかが問題なのです。

主イエスはさらに29節以下で言われました。「もし、右の目があなたをつまずかせるなら、えぐり出して捨ててしまいなさい。体の一部がなくなっても、全身が地獄に投げ込まれない方がましである。もし、右の手があなたをつまずかせるなら切り取って捨ててしまいなさい。体の一部がなくなっても、全身が地獄に落ちない方がましである」と。これは、実に厳しい言葉です。誰がこの言葉の厳しさに耐えられるでしょう。

主イエスは、決して禁欲主義者ではありません。人間の本能としての性欲を禁じているわけではありません。相手が男であれ女であれ、人を自分の欲望の手段として見たり、扱うことを主イエスは「姦淫」とみなしているのです。どのような人も、神によって造られ生かされている存在として、その全人格を尊重すべきなのです。主イエスの厳しい言葉の背後に、私たちがいかに人間を手段化しているか、問われているように思います。戦時下における日本軍の「慰安婦」問題や婦女暴行、沖縄で頻発する米兵による子女強姦事件、今も各所で日常的に起こっているセクハラ事件など、しみじみと人間の罪の深さを思わされます。

ヨハネ福音書の8章に、姦淫の現場で捕らえられた女性の記事があります。主イエスが朝早く、神殿の境内に入り、集まって来た人々に教えを宣べ伝えている所に、律法学者やファリサイ派の人々が、一人の女性を引きずるようにして連れて来て、みんなの前に立たせて、訴えたのです。「先生、この女は姦通をしているときに捕まりました。こういう女は石で打ち殺せと、モーセは律法の中で命じています。ところで、あなたはどうお考えになりますか」と。これはイエスを訴える口実を得るための罠《わな》でした。当時、石打の刑はローマの法律によって禁じられていました。ローマの支配に反感を持っていた律法学者やファリサイ派の人々は、イエスはユダヤの律法に従うか、ローマの法に従うか、という、どちらに答えてもイエスを窮地《きゅうち》に追い込む問いを投げかけたのです。主イエスはそれには答えずに、かがみ込み、指で地面に何かを書き始められたのです。なおもしつこく問い続ける彼らに、イエスはやおら身を起こして言われたのです。「あなた方の中で、罪を犯したことのないものが、まず、この女に石を投げなさい」と。それを聞いた人たちは、年長者から、一人また一人と立ち去り、イエス一人と女だけが残された、というのです。

「罪を犯したことのないものが、この女に石を投げなさい」と言われて、誰一人、石を投げつける者がいなかったのです。主イエスの言葉を聞いて、みんなハッとして自分の心の中にある「やましさ」に気が付いたのです。彼らは、表立った姦淫の罪を犯していなかったかも知れません。しかし彼らの心のどこかに、この姦淫の現場で取り押さえた女に対するやましい関心があったのかもしれません。石打ちの刑は、本来、姦淫の罪を犯した男女双方が受けるべきものでした。女性だけが捕らえられて引きずり出された背後には、弱い立場にある女性を、イエスを捕らえるための道具として利用した偏見がありました。彼らも、「姦淫」と同じように、自らの目的のために、この女性を利用したことになります。ここに律法学者やファリサイ派の人々の「義」の限界がありました。

ところで、主イエスは、かがみ込んで地面に何を書き続けたのでしょうか、聖書には何も記されていませんが、大事なことは、その間、人々の視線が主イエスの一本の指に集中していたことです。この女性にとって、多くの男たちに囲まれ、姦淫の罪を暴かれ、興味本位の視線を浴びることは、死ぬほど辛いことだったと思います。主イエスは、その人々の冷たく刺すような視線を、ご自分の一本の指に集めて、この女性にほっと一息つく解放の時を与えたのではないでしょうか。

「罪のない者が、まず、この女に石を投げなさい」という言葉に、彼らはハッと自分たちの内にある罪に気付かされたのです。男たちがみな立ち去ってしまった後で、主イエスは、おもむろにこの婦人に言われました。「わたしもあなたを罪に定めない。安心して行きなさい。もう罪を犯さないように」と。

主イエスは、ご自分の一本の指にみんなの罪の視線を集められたように、やがて十字架の上で、すべての人の罪を一身に担って、ご自分の体をもって、すべての人々の罪を贖われたのです。肉の弱さの故に罪を犯し、「地獄に投げ込まれる」ほかないような私たちのために、主は、全身全霊をもって、罪を贖《あがな》って下さったのです。「もう、罪を犯さないように」。これは、私たちみんなに語られた主のみ言葉でもあります。

6. 偽証してはならない

マタイによる福音書5・33―37

「十戒」の第九番目の戒めに、「隣人に関して偽証してはならない」という戒めがあります。これは、偽りの証言、偽りの誓いなど、「嘘《うそ》」をついてはならないという教えです。子どものころ、よく「嘘は泥棒の始まり」と言われて、嘘をつくことを厳しくとがめられました。それでも、よく嘘をついて親から叱られたことを思い出します。叱られるのが怖くてまた嘘をつくのです。嘘は、いけないことだと分かっていても、なかなか止められないものです。嘘をつくということは、人間の生まれながらの防衛本能のようなもので、悲しい性《さが》だと思います。

神は、そのような私たち人間の弱さや破れを知っておられたからこそ、「十戒」の中で、「殺してはならない」、「姦淫してはならない」、「盗んではならない」という戒めと共に、「偽証してはならない」という戒めをお与えになったのだと思います。

主イエスは、マタイによる福音書5章の「山上の説教」の中で、数多い律法の戒めの中から六つの戒めを取り上げ、それぞれの戒めの意味をさらに深め、新しい理解を示されました。その4番目に取り上げた戒めが33節の「偽り誓うな」という戒めです。「また、あなた方も聞いているとおり、昔の人は、『偽りの誓いを立てるな。主に対して誓ったことは、必ず果たせ』と命じられている。しかし、わたしは言っておく。一切誓いを立ててはならない」。

この「偽り誓うな」という戒めは、旧約聖書の中で、「十戒」以外にも数多く記されています。例えば、レビ記19章11節以下には、「あなたたちは盗んではならない。うそをついてはならない。わたしの名を用いて偽り誓ってはならない。それによってあなたの神の名を汚してはならない。わたしは主である。」とあります。

「誓う」という言葉は、国語辞典で見ると、「神仏・他人・自分自身に対して、背かない、また、行うと固く約束する」と記されています。誓いは、他者との約束において偽りはない、嘘ではないということを示す徴《しるし》です。旧約聖書には、数多くの「誓い」についての教えや、誓いを立てる場面が出て来ます。神と民との契約、民族と民族との同盟、個人と個人との約束など、みな何らかの徴をもって、誓いを立てて約束ごとを交わします。現代でもそうです。証書を交わしたり、保証人を立てたり、担保をとったり、何らかの誓いの徴をもって、約束ごとを交わします。子どもたちの間でも、友達との大事な約束を交わす時、「指切りげんまん嘘ついたら針千本のーます」と歌って小指を絡《から》ませる動作をします。さらに政治家たちは安易に「神命に誓って」とか、「政治生命をかけて」などという言葉を用いて誓いを立て、身の潔白さを示そうとしたり、政策の公約をしたりします。しかし、その誓いのなんと虚しいことでしょう。国会などに於ける嘘の答弁や偽証、文書の改ざんや隠ぺいなど、目に余るものがあります。なぜ、人はこれほどまでに自らを偽るのでしょうか。また、自らの偽りを恥ともせず、誓いまで立てて偽証を繰り返すのでしょうか。

旧約の教えは、「偽りの誓いを立てるな、主に対して誓ったことは、必ず果たせ」というものでした。それに対して、主イエスは言われたのです。「一切誓ってはならない」と。これは、かなり過激な言葉です。主イエスは、私たち人間の誓いの中にある偽りを見抜いておられるのです。

ボンヘッファーは、このイエスの教えから、「誓いは、この世に嘘があることの証明である。人間が嘘をつくことができないなら、誓いは必要ではないであろう。だから誓いはまさに嘘に対する堤防である。しかし、まさにそこにおいて、誓いは嘘をもすすめる」と述べています。

主イエスは「一切誓いを立ててはならない」と語った後、「天にかけて誓ってはならない。そこは神の玉座である。地にかけて誓ってはならない。そこは神の足台である。エルサレムにかけて誓ってはならない。そこは大王の都である。また、あなたの頭にかけて誓ってはならない。髪の毛一本すら、あなたは白くも黒くもできないからである」（34―36）と述べています。これは、当時の人々が、「十戒」の中の第三戒「あなたの神、主の名をみだりに唱えてはならない。みだりにその名を唱える者を主は罰せずにはおかれない」という戒めに従って、直接、神の名を呼ぶ代わりに、「天」にかけて誓ったり、「地」にかけて誓ったり、「エルサレム」の神殿をさして誓ったり、自分の「頭」を指して誓ったり、色々工夫して、自分の言葉の正当性、自分の正しさを示そうとしたからです。互いにそうしなければ信頼できないほど、人々の間に嘘や偽りが蔓延《まんえん》していたということを意味します。

主イエスがここで言われたのは、天も地も都も人も全部、天地を造られた主なる神のものである。その神の支配の下で、偽りの契約を結び、人を騙《だま》し、虚偽を正当化してはならない、ということです。神は、あくまでも真実であられ、人の心の底までも見抜き、ご存じなのです。「一切誓いを立ててはならない」。主イエスはこういう言い方で、誓うことよりも、人間の中に巣くっている嘘、偽りそのものを問題にしておられるのです。

今の時代は、まさに嘘や偽りの氾濫《はんらん》している時代であり、それ故にまた「誓い」の言葉が蔓延しているような状況ではないでしょうか。これは、政治家だけの問題ではありません。先日、私も危うく宅急便の配達業者を名乗る詐欺グループに騙されそうになりました。ほんとうに今の時代、何を信じてよいのかわからない虚偽の時代だと思います。どうしたら、虚偽がなくなり、誓わなくても安心して信頼し合える世の中になるのでしょうか。

私たちの希望は、私たち「人間は不真実で、偽る者であるが、神は真実であり、偽ることがない」ということにあります。私たちにとって大切なことは、「誓い」によって自分の真実さをアッピールすることではなく、神の前における自らの不真実を認め、真実なる神に立ち帰るということではないでしょうか。神の真実によってこそ、人は初めて真実に生きることができるからです。「信仰」は「神の真実に対して真実をもって応える」ことです。

37節で、主イエスは、こう結ばれます。「あなたがたは、『然り、然り』『否、否』と言いなさい。それ以上のことは、悪から出るのである」。この主の言葉は、ヤコブの手紙5章12節にも引用されています。「わたしの兄弟たち、何よりもまず誓いを立ててはなりません。天や地をさして、あるいは、そのほかどんな誓い方によってであろうと。裁きを受けないようにするために、あなたがたは『然り』は『然り』とし、『否』は『否』としなさい」。自分の思いや考えを絶対化して、それに固執するのではなく、あくまでも神のみ心に従って、「然《しか》り」に対しては「然り」と応え、神の「否《いな》」に対しては、「否」と応える。そのような神の真実に従って生きようではないか、という勧めです。

私たちは、とかく周囲の人たちの声や世の中の流れに同調して、「然り然り」と調子を合わせてしまう傾向があります。その方が、波風が立たなくて楽だからです。一時期「赤信号みんなで渡れば怖くない」という言葉がはやり、日本人の心理を捕えた言葉だと思いました。上に立つ者が「然り」というと、みんなが然りと同調し、みんなが「否」と言うと、自分も「否」という、そういう主体性のない、「長いものに巻かれろ」という安易な姿勢が、この国をダメにしているのではないでしょうか。今の時代、あのアンデルセンの「裸の王様」ではありませんが、子どものような素直さで、「王様は裸だ」と本当のことを言い、「おかしい」ことは「おかしい」と語ることが、求められていると思います。

そのためにも私たちは、絶えずみ言葉に耳を傾け、何が神さまのみ心で、何が真実か、何が偽りなのかを正しく見極める必要があります。

この箇所を読み返しながら、私はドイツでヒットラーが政権を握り、独裁政治を行っていった過程を思い出しました。ヒットラーは、権力を手に入れると、総督に対する忠誠を誓約することを国民に求め、礼拝の中でもヒットラーに対する「忠誠誓約」を求めました。彼は当時の日本の天皇制に憧《あこが》れ、自分が神のように崇《あが》められることを期待したようです。それに対して、ボンヘッファーやバルトなど「告白教会」に属する人々は、「イエスこそ主なり」との信仰の告白に固く立って、命がけで抵抗しました。偽りの誓いを退け、ただ、神の「然り」と「否」に従ったのです。戦時下の日本において、そのような信仰に基づく闘いが為されなかったことを残念に思います。

最近、コロナ禍の影響もあって、日本全体に、「空気を読め」とばかりに、同調を求める圧力が強くなり、一人一人の個性や判断が軽んじられつつあるような感じがします。さらにまた、ロシアのウクライナへの侵攻を期に、平和憲法を無視して、軍備を拡大し「敵基地攻撃能力」など、戦争への機運が高められつつあるような不穏な「空気」を感じます。そのような中で、私たちはますます、神の「しかり」と「否」を正しく見極め、常に主の真実に従うものでありたいと願います。

主イエス・キリストは、その生と死を通して、「しかり」を「しかり」とし、「否」を「否」とされて、神の真実を証しされました。その恵みに生かされている私たちとして、少しでもこの闇の世に、神の真実の光を掲げ続ける者でありたいと願います。

7. 復讐してはならない

マタイによる福音書5・38—42

主イエスの教えの中には、一般的な「常識」を覆《くつがえ》すものがあります。その代表的な例の一つが、マタイ福音書5章38—42節の「復讐《ふくしゅう》」に対する教えです。旧約の律法の中に、「目には目を、歯には歯を」という戒めが何度か出て来ます。出エジプト記21章23—25節には「命には命、目には目、歯には歯、手には手、足には足、やけどにはやけど、生傷には生傷、打ち傷には打ち傷をもって償《つぐな》わなければならない」とあります。また、レビ記24章17—20節には「人を打ち殺した者はだれであっても、必ず死刑に処せられる。家畜を打ち殺すものは、その償いをする。命には命をもって償う。人に傷害を加えた者は、それと同一の傷害を受けねばならない。骨折には骨折を、目には目を、歯には歯をもって人に与えたと同じ傷害を受けねばならない」。とあります。この戒めは、相手に与えた傷害や損害は、同じ罰を受けることによって償わなければならないという戒めです。これは一般に「同害応報刑」と呼ばれて、古代からの刑法の基本的な考えであったようです。

旧約の律法の中で、この「目には目を、歯には歯を」という掟は、人の命を大切にし、相手の命を奪ったり、損傷を与えることを禁止する「罰則」の意味と、過度の復讐を防ぎ、被害者の損害に対して賠償の責任を負うという意味をもっていました。しかし、法とか規則というものは、その基本精神が見失われると、人によって都合よく解釈され、その本来の意図が歪《ゆが》められてしまうことがあるものです。この「目には目を、歯には歯を」という律法の戒めもまた、人々の間で都合よく利用されて、「復讐」を肯定し奨励する言葉として、用いられるようになってしまいました。つまり「目を傷つけられたら、相手の目を傷つけてよい」「歯を折られたら、相手の歯を折って仕返しせよ」と。本来再発防止と被害者への賠償のために、「償え」と命じられていた戒めが、「やられたら、やり返せ」という復讐を勧める言葉として使われるようになってしまったのです。

このことは、私たち人間がいかに「復讐心」の強い存在であるか、ということを物語っていると思います。「やられたらやり返さなければ損だ」という意識です。日本において「仇討《あだう》ち」が美徳とされたのは、「親の仇を討たなければ、末代までの恥だ」という考えからです。しかし復讐は、新たな報復を生み、次第にエスカレートするものです。子どもの頃、私も友だちとよく喧嘩しましたが、相手から「バカ」と言われると、必ず「バカ」と言い返し、次第に激しくののしり合い、取っ組み合いの喧嘩になることもありました。大人になって、ある程度自制することができるようになっても、相手から嫌味《いやみ》を言われたりすると、心の中で「こん畜生」と言い返したくなることもあります。復讐心というものは、なかなか抑えがたいものです。放っておくと「目には目」「歯には歯」という限度を超えて、命まで脅かすことにもなりかねないのです。

2001年9月、アメリカで同時多発テロ事件が起こりました。旅客機がハイジャックされて、ニューヨークの世界貿易センタービルなどに激突し多数の被害者が出た事件です。当時のブッシュ大統領は、犯人はアフガニスタンのアル・カイダの仕業ときめつけて、アフガニスタンを爆撃しました。その結果、多くの一般住民の命が奪われ、悲惨な戦争へと発展しました。その頃ブッシュ大統領が盛んに口にした言葉は、「復讐するは我にあり」という言葉でした。この言葉は、聖書のローマの信徒への手紙12章19節からの引用と見られます。ただし、そこには「愛する人たち、自分で復讐せず、神の怒りに任せなさい。『復讐はわたしのすること、わたしが報復する』と主は言われる」と記されています。パウロが申命記（32・35）に基づいて、復讐は主なる神に任せよと述べている箇所です。ブッシュ氏は、自分が神に成り代わって報復すると公言し、米国民の復讐心を鼓舞したのです。テロはあってはならない行為ですが、だれも神に代わって報復することはできないはずです。

しかし考えてみると、人と人との争いも、民族と民族の紛争も、国家間の戦争も、「復讐」の応酬によって拡大し、大きな悲劇を生み出しています。「復讐」は、どのような場合にも、決して平和的な解決の手段にはならないのです。

主イエスは、マタイによる5章38節以下で、このように述べています。「あなたがたも聞いているとおり、『目には目を、歯には歯を』と命じられている。しかし、わたしは言っておく。悪人に手向かってはならない。だれかがあなたの右の頬を打つなら、左の頬をも向けなさい」。

この主イエスの言葉は、クリスチャンではない一般の方でもよく知っている言葉です。この言葉は、時には、キリスト教徒のひ弱さや無力さを揶揄《やゆ》する言葉として引用されることがあります。たしかに、右の頬を打たれても、何の抵抗もせず、泣き寝入りするだけであったら、それはあまりにも弱々しく惨めです。しかし、この言葉は、単に、強い者や権力者に媚《こ》びて「長いものにまかれろ」式に屈服し服従することを意味する言葉ではありません。

右の頬を打たれるということは、相手の右手の甲で打たれることを意味し、たいへんな屈辱を受けたことを意味します。それにじっと耐えるということは、相当の忍耐を要することです。さらにその侮辱に耐えるだけではなく、左の頬をも差し出すということは、弱さよりも、相手の暴力に屈しないという、強い意志を伴った抵抗を意味するのです。

主イエスは、さらにそれに続いて、40節で「あなたを訴えて下着を取ろうとする者には、上着も取らせなさい」と語り、「だれかが1ミリオン行くように強いるならば、一緒に2ミリオン行きなさい」(41節)とも述べています。これは、相手に屈服して従うという、受け身の姿勢ではなく、自分の主体的な意志で、積極的に苦難を担い、それによって、相手の理不尽な暴力や命令に対抗するという生き方に他なりません。受け身の屈服ではなく、自由意思による積極的な抵抗の姿勢なのです。

主イエスがここで、敢えて「悪人に手向かってはならない」と「復讐」を禁じた背景には、当時のローマ帝国の支配が関係していたと考えられます。多くの民がその支配下にあって苦しみ、高い税金や食料などの搾取、強制的な徴用などに不満を抱いていました。熱心党に見られるようなテロによる過激な抵抗運動もありました。そういう中で主イエスは、相手の暴力に対して暴力をもって立ち向かうことは、権力による暴力的支配をさらに強化することになり、問題の解決にはならないことを教えているのです。暴力は新たな暴力を産み、報復はさらに大きな報復を生み、悲劇を拡大するのです。

戦争は、たいてい小さな小競《こぜ》り合いから始まるものです。相手が「右の頬を打った」というようなことが、大義となって互いに殺し合うような悲劇へと展開するのです。「戦争に勝者はない」と言われます。ことに「核の時代」、戦争は双方のみならず、世界と地球そのものを破滅させる危険を含んでいます。武力によって平和は達成されません。私たちは今、毎日のように報道されるロシア軍によるウクライナの悲惨な戦争に心を痛めております。武力による報復の連鎖が早く止み、対話による和解の道が一日も早く開かれるよう、祈り続けたいと思います。

「だれかが右の頬を打つなら、左の頬をも向けなさい」。この主イエスの教えは、報復は神に任せ、相手の暴力に対して、愛と忍耐とをもって対応せよという教えです。

マハトマ・ガンジーは、ヒンズー教徒でしたが、この主イエスの「山上の説教」の教えを自分の生き方の指針とし、断食と座り込みによる非暴力による抵抗によって、イギリスの植民地支配から、インドの独立を勝ち取りました。そして、このガンジーの闘いが、後にアメリカで、マルチン・ルーサー・キング牧師が黒人差別撤廃運動の闘いを推し進める大きな力となったと言われます。キング牧師もまた、非暴力の愛による抵抗運動によって、黒人の公民権を勝ち取ったのです。

「右の頬を打たれて、左の頬を向ける」とか、「下着を取ろうとする者に、上着まで与える」とか、「1ミリオン歩かせる者と、2ミリオン歩く」などということは、私たちにはほんとうに難しいことであり、出来そうもないことです。しかし、和解と平和は、こういう十字架を負うこと無しには築かれないのです。

旧約聖書の族長物語の中に、イサクという人物が登場します。彼はアブラハム・イサク・ヤコブと続く族長の中で、最も目立たない存在です。彼の遺した足跡は、創世記26章に記されていることくらいです。彼はゲラルの地で、父アブラハムから受け継いだ井戸をことごとくペリシテ人にふさがれ、その地を追い出されます。やむなく別の地に移って新たに井戸を掘り起こしますが、その井戸もその地の羊飼いたちに奪われます。別の井戸を掘るとそれも奪われます。そのようにして転々と井戸を掘りながら移動し、最後にやっと奪われることのない井戸を掘り当て、「広い場所」を与えられたという記事です。井戸は乾燥したパレスチナの荒れ地にあって、人も家畜も生きていくために欠かせないもので、それだけに井戸をめぐる争いは熾烈《しれつ》を極めたものでした。イサクの生涯は、ひたすら井戸を掘り続けただけの生涯に見えます。しかし彼は結果的に、多くの井戸を掘って、各地の人々の生活を支えたことになったのです。イサクはそれ故に、神からの祝福を受け、ペリシテの王までがイサクのもとにやって来て「主があなたと共におられることがよく分かった」と告白し、和解の契約を交わした（28節）のです。イサクは権利を主張して争うよりも、新しい井戸を掘って労苦することによって、和解と平和への道を切り拓いたのです。

この井戸を掘ることで思い出すのは、5年ほど前にアフガニスタンで殺害された医師の中村哲氏のことです。彼は熱心なキリスト者で、医療、ことにハンセン病治療のためアフガニスタンで活躍していましたが、感染病の主な原因が、飲み水にあることを知って、清潔な飲み水を供給するために、自ら井戸掘りをして、現地の住民と共に1500もの井戸を掘り、全長25キロの用水路まで完成させ、荒れ地を緑の野に変え、戦乱と干ばつによる飢えと病に苦しむ人々の命を救ったのです。その彼がテレビの対談の中で、こんなことを話していたことが強く心に残っています。

ある時、診療所のある村が、武装した反政府勢力によって襲撃され、何人かの人が殺害されました。村人たちは悲しみと怒りから、報復を誓って武装して立ち向かおうとしました。イスラム教徒の住民たちも「目には目を、歯には歯を」という戒めを小さい時から聞かされていて、報復することを当然のことと思っていたのです。しかし中村氏は、「報復は必ずまた新たな報復を生み、犠牲者を増やすだけだ、復讐は神に委ねよう」と必死にみんなを説得し、さらなる犠牲者が出ることをくい止めることができたそうです。中村医師はその数年後、銃撃されて命を落としましたが、村人たちは、深く悲しみつつも、中村氏の遺志を尊重して、復讐処置を取らず、戦闘には至らなかったようです。

「悪人に手向かうな」と言い、「右の頬を打たれたら、左の頬を向けよ」と言われた主イエスは、武装した祭司長たちの手下たちに捕らえられた時、刃向かおうとした弟子たちを制して、「剣を鞘《さや》に納めよ。剣を取る者は皆、剣で滅びる」と語り、自ら進み出て、十字架を担われました。主イエス・キリストはそのようにして、ご自分の死によって、人々の憎しみと敵意の「隔ての中垣」を取り壊し、和解と平和への道を切り拓かれたのです（エフェソ2・14－16）。私たちは、このキリストの贖いの恵みによって救われ、神との平和を与えられているのです。対立や争いの絶えないこの世にあって、少しでも和解と平和の主を証しする者でありたいと願います。

8. あなたの敵を愛しなさい

マタイによる福音書5・43―48

主イエスは、マタイによる福音書5章17節で、「わたしが来たのは律法や預言者を廃止するために来た、と思ってはならない。廃止するためではなく、完成するためである」と言われました。このことを、具体的に示すために、主イエスは、人々が拠り所としていた「十戒」など、旧約の律法の中から6つの戒めを取り上げて、それぞれの戒めに対する新しいご自身の教えを述べられました。それが、21節以下、今日の箇所までの所に記されているのです。

その際、主イエスは、「あなたかたも聞いているとおり、……のように命じられてきた。しかしわたしは言う、……」という、同じ語り口で、「殺すな」、「姦淫するな」、「離婚するな」、「偽り誓うな」、「復讐するな」という戒めを取り上げ、最後に、この箇所で、「隣人を愛せ」という教えを取り上げられました。主イエスは、これまでの隣人との関係についての戒めの締めくくりとして、この戒めを取り上げられたのです。

「あなたがたも聞いているとおり、『隣人を愛し、敵を憎め』と命じられている。しかし、わたしは言っておく。敵を愛し、自分を迫害する者のために祈りなさい」(43)。「隣人を愛しなさい」という戒めは、旧約聖書の至る所に出て来ます。「神を敬い、隣人を愛する」ということが、「律法と預言者」(旧約聖書)の基本的な教えだからです。その隣人愛の代表的な戒めが、レビ記19章18節の「自分自身を愛するように隣人を愛しなさい」という教えで、新約聖書の中にもたびたび引用されています。しかし、それに対して「敵を憎め」という戒めは、旧約聖書のどこにも記されていません。

「敵を憎め」という戒めは、どうやらユダヤ人が「隣人を愛せ」という戒めに、後から付け加えた言葉のようです。恐らく、「隣人」の意味を狭く解釈し、自分たちの仲間、同じ村人、同じ部族、同じ民族等に限定して用いた結果、他の違う民族、違う部族、違う村人、違う仲間を差別し、排除し、これを「敵」とみなすようになったのではないでしょうか。つまり「隣人を愛すること」がイコール「敵を憎むこと」へと解釈されるようになったようです。

ユダヤ人には、神から選ばれた民という強い「選民意識」がありました。自分たちには神から与えられた「律法」があり、神の民としての「割礼」を受けているという誇りがありました。それは民族間の強い結束の絆《きずな》でもありましたが、同時に他民族に対して、「異邦人」「無割礼の者」としてさげすみ、交流を避け、敵視する結果にもなりました。自分の国や民族に対して誇りを持つということは大事なことですが、それが偏《かたよ》り、間違って利用されると、他民族への差別や偏見、紛争や戦争の契機にもなります。偏った愛国心には、よくよく注意しなければなりません。

私が小学校に入った頃、日本の国は太平洋戦争の末期でした。小学校に入ってまず教えられたことは、「日本の国は世界一立派な「神の国」で、天皇の支配の下に世界を統一するために戦っている。男の子はみんな立派な兵隊さんになって敵と戦うのだ」ということでした。そして最初に習った漢字が「鬼畜米英《きちくべいえい》」という四文字でした。敵国であったアメリカやイギリスを「鬼・畜生」として憎み、敵意を煽《あお》ることによって愛国心を高め、国民が一丸となって敵と戦うのだ、という勧めでした。現在また学校では、「日の丸・君が代」が強制され、愛国心教育がなされるようになりました。一方、マスコミやネットを通じて、北朝鮮や韓国、中国などの隣国に対する敵がい心が煽られ、外国人労働者や難民などに対する差別がますます横行していることに危惧《きぐ》を覚えます。

「隣人を愛し、敵を憎め」。当時のユダヤ人の間で誤用されたこの言葉は、今日、自国主義を強めているすべての国々の陥《おちい》っている問題です。しかし、それはまた同時に、私たちが、日常的に犯している過ちでもあります。電車の中などでよく、仲良しグループが盛り上がって話し合っている様子を見かけますが、その話の内容は、大抵、その場に居合わせない仲間や他のグループへの陰口が多いのだそうです。仲間同士の交わりが密になればなるほど、他に対して閉鎖的になり、排除したり敵対意識を抱いたりするようなことがあるです。また他の人を差別し排除することによって、内輪の結束を親密にするという面もあるようです。私たちは、無意識のうちに、人を「好きな人」と「嫌いな人」に区別し、気の合う者同志仲良くし、そうでない人を排除してしまうことがあります。いじめや虐《ぎゃく》待《たい》、パワハラなどの要因がそこにあるのです。それは、他人ごとではなく、教会の中にも起り得ることでしょう。いずれにしても、人を「隣人」(味方)と「敵」とに分けて考えるところに、私たち人間の心の狭さ、自分中心の「罪」があるのです。

主イエスは、そういう私たち人間の心の狭さ、偏った隣人愛を見抜かれて、「しかし、わたしは言っておく、敵を愛し、自分を迫害する者のために祈りなさい」(44)と言われたのです。

主イエスは、ここで「隣人を愛する」ことは「敵をも愛する」ことだと語っておられるのです。この「愛する」という言葉は「アガペー」という言葉の動詞形です。神の愛に基づく分け隔てのない愛をもって愛し合いなさい、という意味です。つまり主イエスは、人を「隣人」と「敵」に分ける考えそのものを否定し、すべての人があなたの隣人です。すべての人を「あなたの隣人として愛しなさい」と、命じられたのです。

これは、たいへん厳しく難しい課題です。これを聞いた弟子たちや大勢の群衆たちはどんな反応を示したでしょうか。多くの人は、「敵を愛する」ことなどできるものか、愛せないから「敵」なのだと、心の中で思ったのではないでしょうか。

私たちの現実には、「敵」とは言わないまでも、どうしても、「愛せない人」、「好きになれない人」がいるのではないでしょうか。自然に受け入れられる人と、どうしても受け入れられない人（苦手な人）とがいるのではないでしょうか。相手から一方的に嫌われ、悪口を言われたり、ひどい仕打ちを受けたりすることもあります。「隣人」だと思っていた人が、まったく思いがけず、「敵」であった、ということもあり得ます。そのような、自分にとって好ましくない人、自分を嫌い、傷つけたり裏切った人を「愛する」ということは、決してたやすいことではありません。どうして私たちは、そのような「敵」をも愛さなければならないのでしょう?

アメリカで、黒人差別撤廃のために闘い、非暴力の抵抗運動で公民権を勝ち取ったマーティン・ルーサー・キング牧師の有名な説教の中に、「汝の敵を愛せよ」というのがあります。

その中で、キング牧師は、我々はどうして自分の敵を愛さなければならないのか、という問を自らに問いかけています。「自分たちをことごとく差別し、子どもたちをおびやかし、家庭に爆弾を投げ込み、危害を加える人種差別者たちを、どうして愛さなければならないのか?」。「なぜ、我々は自分の敵を愛すべきなのか」と。この問いに対して、彼は次のような四つの理由を述べています。

(1) 憎しみに対して憎しみをもって報いることは、憎しみを増すのみであり、すでに星のない夜に、なお深い暗黒を加えるからだ。暗黒は暗黒を駆逐《くちく》することは出来ず、ただ光だけができるのだ。憎しみは憎しみを駆逐することは出来ず、ただ愛だけが憎しみを駆逐できる。憎しみは憎しみを生じ、戦争はさらに大きな戦争を生む。この連鎖反応を破らないと、我々はみな絶滅という暗黒の奈落《ならく》に投げ込まれる。

(2) 憎しみは、魂に傷跡を残し、人格をゆがめてしまう。憎しみは、相手の魂を傷つけ、尊い命さえ奪う恐ろしい結果を招くが、それだけではない。憎しみを抱くその人をも破滅させる。精神科医たちも「人間の内的葛藤の多くは憎しみに根差している。憎しみは人格を切り裂き、愛は驚くべき仕方で、人格を統合する」と述べている。愛せよ、さもなければ死んでしまう。

（3）愛は、敵を友に変えることができる唯一の力である。憎しみに対して憎しみをもって立ち向かうことによっては、絶対に敵を取り除くことはできない。我々は敵意を取り除き、敵を友に変えることによって、敵を取り除くことができる。

（4）「なぜ自分の敵を愛すべきか」という問の究極の理由は、私たちが「天の父の子となるため」だ。私たちは、敵を愛し、迫害する者のために祈ることによって、神の愛を知り、神の子として受け入れて頂けようになる。そのことを望みつつ、我々は人種差別を嫌《けん》悪《お》しつつ、人種差別主義者をも愛し、彼らのために祈ろうと勧めているのだ。キング牧師が最後に述べている「天の父の子となるため」とは、主イエスがここで語られた言葉に他なりません。「敵を愛し、自分を迫害する者のために祈りなさい。あなたがたの天の父の子となるためである」と。

主イエスはさらに言われました。「天の父は悪人にも善人にも太陽を登らせ、正しい者にも正しくない者にも雨を降らせて下さる」。神は、人を分け隔てなさらず、すべての人を同じように愛しておられます。「神の子」としての私たちは、神の愛（アガペー）にあずかり、それに応えて、すべての人を「隣人」として愛し、受け入れ、共に生きることができるのです。「自分を愛してくれる人を愛し……自分の兄弟だけに挨拶したところで、どんな優れたことをしたことになろう」と主は言われます。

私たちは、人を「敵」と「隣人」とに分け、自分の好みに合う人のみを愛するような未熟なものですが、主イエスは、そのような私たちの罪を担われ、私たちが「神の子」として「完全な者」となるために、命を賭けて執り成してくださったのです。「あなたがたの天の父が完全であられるように、あなたがたも完全な者となりなさい」（48節）と。

主イエス・キリストは、すべての人を愛され、自分を裏切ったユダをも「友」と呼び、自分を十字架に掛けた人々を前に、「父よ彼らを赦したまえ、彼らは自分が何をしているのか分からないからです」と祈られました。まさに主イエスこそが、「敵を愛し、迫害する者のために祈られた」方です。この主イエスの贖いと執り成しの恵みによって、私たちも主に従い、分け隔てなく、すべての人を「隣人」として受け入れ、「平和を実現する神の子」（5・9）と呼ばれる者でありたいと願います。

9. 神の前での真実

マタイによる福音書6・1—8、16—18

マタイによる福音書の6章1節から18節までの箇所は、主イエスが「施し」と「祈り」と「断食」について述べておられる記事です。この「施し」と「祈り」と「断食」は、いずれもユダヤ人たちが敬虔な信仰生活のしるしとして、大切に守って来たことでした。「信仰」と「生活」（生き方）は、切り離すことのできないものです。信仰から切り離された生活は空虚なものですが、生活の伴わない信仰もまた虚しいのです。生きた信仰は必ず生活を伴うものであり、その生活を通して信仰が証しされるのです。

「施し」と「祈り」と「断食」は、本来、主なる神に対する信仰に基づく行為であり、信仰生活の大切な要素でした。従って、敬虔《けいけん》なユダヤ人たち、ことに律法学者やファリサイ派の人々は、貧しい人々への施しと、日に三度の祈り、週2回の断食を忠実に守り、人々にもそのように励むように教えていたのです。

主イエスは、それらの熱心なユダヤ人たちの信仰に根ざした行為を、否定したり、軽んじたりしているのではありません。むしろ、それらの善行の、本来のあり方を示し、正しい信仰生活とは何かを教えておられるのです。

まず、主イエスは6章1節で、「見てもらおうとして、人の前で善行をしないように注意しなさい。さもないと、あなたがたの天の父のもとで報いをいただけないことになる」と言われました。この「善行」と訳されている言葉は、原文では「義」という言葉が使われており、前の口語訳では「自分の義を、見られるために人の前で行わないように注意しなさい」となっていました。

少し前の5章20節で主イエスは「あなたがたの義が律法学者やファリサイ派の人々の義に勝っていなければ、あなたがたは決して天の国に入ることができない」と言われました。今日の箇所は、その具体的な展開とみられます。〝律法学者やファリサイ派の人々の義は、人々に「見られるための義」となっている。しかし、あなた方の求めるべき義は、そのような義ではなく、「天の父」なる神から義と認められるような「より勝った義」でなければならない〟ということです。どんなに立派な善い行いでも、人に見てもらって、人から称賛を受けるために為されるのでは、神の前に義とはされない、ということです。人からの報いを期待し受けているのなら、神からの報いを受ける必要はない、という皮肉な言い方がなされています。主イエスは、このように語ることによって、人からの称賛ではなく、神から義と認められる者こそ、天の国に入ることができるのだ、と説いているのです。そのことを、主イエスはこの2節以下で、「施し」「祈り」「断食」という三つの善行を例に論じておられるのです。

まず「施し」について、主イエスはこう述べておられます。「だからあなたは施しをするときには、偽善者たちが人から褒《ほ》められようと会堂や街頭でするように、自分の前でラッパを吹き鳴らしてはならない。はっきりあなたがたに言っておく。彼らはすでに報いを受けている。施しをするときには、右の手のすることを左の手に知らせてはならない」（2－3節）。

「自分の前でラッパを吹き鳴らす」とか「右の手のすることを左の手に知らせる」という言葉は、当時よく使われていた比喩的な言葉のようです。貧しい人たちへの施し、助けを必要とする人たちへの援助は、大切なことですが、その善行が、他者のためになされるのでなく、自己宣伝や自己目的のためになされるとすれば、本末転倒です。政治家はよく、選挙のためや、自分の名声・功績のために、それこそラッパを吹き鳴らしますが、少しも実行されず、虚しさを感じさせられます。自分の行った善いことをみんなに知ってもらい、認めてもらいたいという思いは、多かれ少なかれ、誰の心の中にもあることですが、名誉欲や自己満足のための行為は、神と人とを侮《あなど》ることになります。

律法学者やファリサイ派の人々は、律法に従って、正しい生き方を教え、自ら模範を示さなければなりませんでしたが、彼らの陥った過ちは、人に見せるための形だけの善行になって、人をも神をも欺《あざむ》く結果になってしまったことです。主イエスはそれを「偽善」と呼んで批判したのです。この「偽善者」という言葉は、もともと「役者」という意味の言葉です。ギリシャ悲劇の役者たちは、悲しげな仮面をかぶって舞台で演じるわけですが、仮面の中では笑っているかもしれない。悲しくなくても観客を意識して演技するのです。「施し」や「祈り」や「断食」は、そのような人に見せるための演技、パフォーマンスであってはならないのです。

5節以下は、「祈り」について語られている個所ですが、そこでも主イエスはこう述べています。

「祈るときにも、あなたがたは偽善者のようであってはならない。偽善者たちは、人に見てもらおうと、会堂や大通りの角に立って祈りたがる。はっきり言っておく、彼らは既に報いを受けている。だから、あなたがたは祈るときは、奥まった自分の部屋に入って戸を閉め、隠れたところにおられるあなたの父に祈りなさい」。

ここでは、祈る場所が問題になっているのではありません。私たちは、どこででも祈ることができるし、絶えず祈ることが求められています。祈りは、神さまとの対話であり、人に見せたり、聞かせるためのものではありません。ところが、律法学者やファリサイ派の人々は、「人に見てもらおうと」あえて人の多く集まる「会堂や大通りの角に立って祈りたがる」というのです。彼らの関心は、みんなにその姿を見せ、その長い祈りを聞かせて、称賛を得ることにありました。祈りは純粋に神さまに向かってなされるべきものです。心が人に向けられるというのは、祈りではありません。

私たちの場合はどうでしょうか。ファリサイ派の人々とは逆に、人の前では祈れない、ということが多いのではないでしょうか。どこの教会でも、「自分はお祈りが下手だから、みんなの前でお祈りできない。祈祷会には出たくない」などという声を聞くことがあります。謙虚なようですが、これもまた、神さまよりも、人を意識し過ぎているのではないでしょうか。隠れたところにおられる神さまは、私たちの心の深みまでご存じで、言葉にならない私たちの思いをも知っていてくださるのです。祈りに上手下手はないのです。聖霊の導きを信じて、心を込めて神さまに祈る者になりたいと願います。主イエスは、祈りに集中できず、どう祈ったらよいのか分からない私たちのために、「だから、こう祈りなさい」と言われて9節以下で「主の祈り」を教えてくださったのです。

「祈り」について語られた後、主イエスは16節以下で「断食」について語られました。「断食するときには、あなたがたは偽善者のように沈んだ顔つきをしてはならない。偽善者は、断食しているのを人に見てもらおうと、顔を見苦しくする。はっきり言っておく。彼らは既に報いを受けている。あなたは断食するとき、頭に油をつけ、顔を洗いなさい。それはあなたの断食が人に気づかれず、隠れたところにおられるあなたの父に見ていただくためである」。

「断食」は、悲しみの時や悔い改めの時の他、祈りに集中し、信仰を深めるための修練として、行われていた「善行」の一つです。敬虔なユダヤ人たちは、毎週月曜日と木曜日に断食したようです。ところが、この断食にも、「施し」や「祈り」と同様、「偽善者」となる誘惑がつきまといます。それはやはり「人に見てもらおう」と、わざと見苦しい顔をして、自分の敬虔さをアピールするというのです。

人間というものは、よくよく、自分を良く見せたがるものです。それだけ自分中心で、たえず人の目を気にし、人から褒められたく思い、悪く言われることを恐れているのです。

主イエスは、「施し」「祈り」「断食」というユダヤ人たちの「善行」を取り上げることにより、私たち人間の「義」が、いかに自己中心のものであり、人を欺き、神を欺き、自分自身をも欺むくものであるかを示されたのです。

主イエスは、この「施し」と「祈り」と「断食」についてのそれぞれの勧めの最後に、「隠れたところにおられる神が、隠れたことを見ておられ、報いてくださる」と言われました。私たちは、目に見えるものにのみ心奪われ、人を恐れ、人の目や評価を気にしますが、「神は隠れたところにおられ、隠れたことを見ておられる」のです。その神に立ち帰り、神のみを恐れ、神の前に真実に生きること、そこにこそ、神によって義と認められる信仰者の生き方があるのです。

マルチン・ルターが、宗教改革で強調したことは、「神の義は、自分の善行によって獲得するようなものではなく、神の恵みによって、信仰によって与えられる」ということでした。

私たちは、主イエスキリストの贖いの恵みによって、ただ信仰によって義とされ、すべての縄目《なわめ》から解放されている者です。人の視線や、他人の評価などにとらわれず、神の前に自由に大胆に、主に従う歩みを続けたいものです。

10. 御名が崇められますように（主の祈り1）

マタイによる福音書6・5―13

マタイによる福音書6章5節―13節は、「祈り」についての教えです。前回学んだように、当時のユダヤ人たちは、「施し」と「祈り」と「断食」を最も敬虔な信仰者の業として大切に守ってきました。主イエスは、この「山上の説教」の中で、その三つの業を取り上げて、それらの「善行」に伴う誘惑と危険について注意をうながし、それらのあるべき姿について教えられました。そのいずれの「善行」についても、主イエスが語られたことは、「偽善者のようにするな」ということです。つまり人に見せて、人からの報い（評価）を期待するな、ということです。「施し」は純粋に隣人の救済のためになされるべきものであり、「祈り」はひたすら神に心を傾けて捧げられるべきものであり、「断食」は自らに対する修練として為されるべきものです。しかし、人はそのいずれの場合にも、周囲の人々を気にし、人々からの報いを期待します。そのような私たちに、主イエスは、「隠れたところにおられる神」の前に真実に生きよと諭《さと》されたのです。「神が報いてくださる」

からです。

主イエスは、「祈り」について語られたこの箇所で、人前でくどくどと祈る必要のないことを述べられ、「あなたがたの父は、願う前から、あなたがたに必要なものをご存じだから」と言われました。そのような流れの中で、「だから、こう祈りなさい」（9節）と、「主の祈り」をお与えになったのです。私たちが主の日ごとに、またことあるごとに唱えている「主の祈り」の原型です。

この「主の祈り」は、ルカによる福音書の11章2節以下にも記されています。そこには、主イエスが祈っておられる所に弟子たちがやって来て「主よ、（バプテスマの）ヨハネが弟子たちに教えたように、わたしたちにも祈りを教えてください」と願い、それに応えて主が「祈る時には、こう言いなさい」と、この祈りを教えられた、と記されています。その「主の祈り」は、マタイ福音書よりやや短縮された形ですが、ほとんど同じ内容です。

代々の教会は、マタイ福音書の記述に基づき、その祈りの最後に「国と力と栄とは、限りなく汝のものなればなり」という、神をたたえる「頌栄」と、真実（本当にそうです）という意味の「アーメン」を付け加えて、礼拝や様々な集会の中で祈り続けてきました。

この「主の祈り」が、教会の中で大切に祈り続けられてきたのは、この祈りが、主イエスから教え示された祈りであると同時に、主ご自身が、常に祈っておられた祈りでもあったからではないでしょうか。主イエスは、どう祈ってよいのか分からない弟子たちのために、「こう祈りなさい」と、ご自身が日ごろの祈っておられた祈りを、お与えになったのです。その意味でも、私たちはこの祈りの意味を深く噛みしめながら、心を込めて祈る者でありたいと願います。

さて、この「主の祈り」は、「天におられるわたしたちの父よ」という呼びかけで始まっています。

祈りは、漠然とした願いごとや独り言ではなく、神との対話ですから、まず、祈りの相手である神さまの名を呼び、語りかけることから始まります。私たちは普段、「天にましますわれらの父よ、……」と祈りますが、これは昔の文語訳の聖書に基づいているためです。

主なる神を「天の父よ」と呼びかけることについて、近年、「神は男性とは限らない」という立場から、「天の父であり、母でもある神さま」と祈るべきだという主張もあります。たしかに、旧約聖書の中には、神の愛を母の愛にたとえている例もあり、「父」に固執する必要はないのかも知れませんが、大事なことは、主イエスが、神を「父」と呼び、時には「アッバ父よ」と呼び掛けて祈られたということです（マルコ14・36）。「アッバ」とは、アラム語で、小さな幼児が父親に信頼をもって呼びかける言葉です。主イエスは、天の神を、そのような愛と親しみをもって呼びかけ、幼子のように心を注いで祈られました。主イエスは、弟子たちに、「あなたたちも、こう祈りなさい」と、ご自分が祈るときのように、「お父さん」と親しく呼び掛けることをお許しになり、勧められたのです。

天地を造り、全てのものを支配しておられる全能の神を、「父よ」、「お父さん」と呼ぶことは、本来、とても畏《おそ》れ多くてできないことです。神を「父よ」と呼ぶことができるのは、本来神のみ子である主イエスのみに許されていることです。私たちは、創造者なる神の前に、小さな被造物に過ぎず、神に背を向けているような罪深い者です。そのような私たちに、主イエスは、この「主の祈り」を通して、「あなた方も、わたしと同じように『天の父よ』と呼びかけてよいのだ。否、そのように親しく呼びかけて祈りなさい」と、勧めておられるのです。私たちは、この勧めの背後に、神の御子であられる主イエス・キリストの贖《あがな》いの恵みと、執りなしの祈りがあることを忘れてはなりません。私たちは、御子の犠牲と執り成しによって、神との和解を与えられ、「神の子」とされているのです。

私たちが普段の祈りを、「天の父よ」と呼び掛け、「主イエス・キリストのみ名によって祈ります」と結ぶのは、そのような意味からです。祈りに上手下手はありません。「天の父よ」と親しく神に呼び掛け、心を込めて祈ることが大切なのです。

八木重吉の詩に「てんにいます　／おんちちうえをよびて　／おんちちうえさま　／おんちちうえさまとなえまつる　／いずるいきによび　／入りきたるいきによびたてまつる　／われはみ名をよぶばかりのものにてあり」というのがあります。私たちも、苦難のときや失意の時など、どのように祈ったらよいのか、祈りの言葉さえ出てこないことがあります。そのような時でも、「天の父なる神さま」と、み名を呼ぶだけでも、神は私たちの心の中にある思いを察して、言葉にならない祈りを聴いて下さるのです。主イエスは、この「主の祈り」に先立って言われました。「あなた方の父は、願う前から、あなた方に必要なものをご存じなのだ」（8節）と。「主の祈り」に導かれつつ、「天の父よ」と絶えず祈り続ける者でありたいと願います。

さて、「主の祈り」の最初の祈りは、「御名が崇められますように」という祈りです。「神の名をあがめる」とは、神さまご自身をあがめるということです。「崇《あが》める」という言葉は、原語で「聖とする」という言葉で、「他のものと区別して重んじる」という意味です。つまり、神のみを神として尊ぶということです。このような祈りは、普段、私たちがほとんど祈ることのない祈りではないでしょうか。私たちが祈るときはまず、自分の抱えている悩みや苦しみ、健康や、家庭、仕事、生活のことを祈るのではないでしょうか。それ自体は、間違ってはいないのですが、祈りは、神との対話です。自分の願い事や訴えだけではなく、神を神としてあがめ、神の御心がなるように祈り求める姿勢が大切なのです。主イエスがゲツセマネで祈られた祈りは、「父よ、できることなら、この杯をわたしから過ぎ去らせてください。しかし、わたしの願いどおりではなく、御心のままに」（マタイ26・39）でした。どんなに切実な願いであっても、父なる神の御心が成ることを祈り求めることが、「御名を崇める」ことだと思います。

この「主の祈り」は全部で6つの祈りから成り立っていますが、最初の3つの祈りは、すべて神のための祈りです。「御名が崇められますように」という祈りに続いて、「御国が来ますように」、「御心が行われますように」と続きます。この神のための祈りに続いて、「私たちの日毎の糧」、「私たちの罪の赦し」、「私たちの試練や誘惑からの救い」という私たちのための祈りが続きます。まず、神が神として崇められ、その御心が実現することを祈り、その後で、私たちのための祈りをする。これが、「主の祈り」の構造です。私たちの普段の祈りにおいても、まず神を崇め、神の御心が成ることに重きを置きたいものです。

「み名を崇めさせ給え」。このように祈ることを教えられた主イエスは、生涯、この祈りを祈りつつ、父なる神の御心に従う歩みを貫かれました。主イエスにとって、神のみ名を崇めるということは、自ら「へりくだって、十字架の死に至るまで従順で」（フィリピ2・8）あり続けることでした。私たちにとって、神のみ名を崇めるとは、主イエス・キリストに従って、謙虚に神と人とに仕えるということを意味します。「天の父よ、み名が崇められますように」。主が祈られたように、私たちも常にこのように祈りつつ、「ただ神の栄光のために」励みたいと願います。

11. 御国が来ますように（主の祈り2）

マタイによる福音書6・9－13

マタイによる福音書によると、「主の祈り」は、「天におられるわたしたちの父よ」という神への呼び掛けに始まって、「御名が崇められますように」「御国が来ますように」「御心が成りますように」と続きます。この「御名」「御国」「御心」と訳されている言葉は、原文では「あなたの名」「あなたの国」「あなたの心」となっています。そしてその後に、「わたしたちの糧」、「わたしたちの負い目（罪）」「わたしたちの試み」についての祈りが続きます。つまり、この祈りは、神に関する三つの祈りと、私たちのための三つの祈りから成り立っているのです。祈りは、神さまと心を通わせる大切な対話です。私たちの願い事や訴えを一方的に祈るのではなく、まず神の御名をあがめ、神の御心が成ることを祈り求めることが大切なのです。

「天におられるわたしたちの父よ」と呼びかけ、「御名が崇められますように」との祈りに続く第二の祈りは、「御国が来ますように」という祈りです。「国」というと、私たちはどうしても、地図などに描かれるような「領土」のことを思いますが、聖書でいう「御国」、神の国は、神の「支配」を意味する言葉です。英語では神の国を「Kingdom of God」と言いますが、これは神が王として支配することを意味します。ですから、「御国が来ますように」とは、「神さまの支配が実現しますように」という祈りです。

神が天地を創造されたということは、天にあるものも地にあるものも、全てが神の御手の中にあって支配されていることを意味します。しかし実際には、神によって造られたものの全てが、神の支配に従っているわけではありません。私たち人間は、創世記によると、神と向き合って生きる存在として、「神の形に似せて造られた」とありますが、サタンの象徴である蛇の誘惑により、神に背を向け、神に従うよりも、自らの知恵と力によって生きるようになりました。その結果として、文明が築かれましたが、精神的に退廃し、人と人とが殺し合い、自然を破壊し、破滅の道を歩むようになりました。神の創造の意図に反し、与えられた自由を自らの欲望のままに乱用したためです。

そのような私たちを、破滅から救い出し、御許に立ち帰らせるために、神はその独り子イエス・キリストをこの世にお遣わしになったのです。それは、神の救いのご計画を遂行し、創造の御業を完成させるためです。ですから主イエスは、この世に来られて、初めて公に福音を宣べ伝えられたとき、「時は満ち、神の国は近づいた。悔い改めて福音を信ぜよ」（マルコ1・15）と語られたのです。これは、「神の国（神の支配）が、今、新たに始まった」という宣言を意味します。主イエスは、多くの人々に福音を宣べ伝え、悪霊を追い出し、病人を癒し、貧しき人々の友として歩まれることによって、神の国の到来を証しされました。ルカによる福音書の中で、主イエスは「わたしが神の指で悪霊を追い出しているのであれば、神の国はあなたがたのところに来ているのだ」（11・20）と言われました。

この神の国（神の支配）が、決定的な形で明らかにされたのが、主イエスの十字架の死と復活の出来事です。私たちの罪と重荷を負い、私たちに代わって十字架にかかられた主イエスが、三日目に死人の中から復活されたことによって、神の支配は、決定的な形で明らかにされたのです。使徒パウロは、コリントの信徒への手紙の中で「死は勝利に飲み込まれた。死よ、お前の勝利はどこにあるのか。死よ、お前のとげはどこにあるのか」（Ⅰ.15・54－55）と高らかに叫んでいます。このキリストによる勝利こそ、神の力強い支配を示すものです。

このように「神の国」は、主イエス・キリストの到来によって、すでに始まっているのです。しかし、その事実はまだ、だれでもが認められる客観的な事柄にはなっていません。未だ隠されているのです。この世の現実を見つめるとき、一体どこに神の国、神の支配があるのか、と疑問に思うことがあります。政治は腐敗し、さまざまな悪がはびこり、争いが絶えません。正直者が馬鹿を見、不正をはたらく者が世にはびこる矛盾や不条理がいたるところに満ちています。イエス・キリストの到来によって、すでに神の国は来たはずなのに、未だ、見える形で実現していないのです。

しかし、神の国（神の支配）は、すでに始まっているのです。やがて主が再び来られてすべての御業を完成される時が来るのです。主イエスは、多くの譬えをもって「神の国」の希望について語られました。その一つに、「10人の乙女の譬え」（マタイ25・1―13）があります。主イエスは、「天の国」（神の国）を婚礼にたとえ、花婿の到来を待つ10人の乙女たちの姿を描いています。5人の賢い乙女たちは、ともし火と共に油を用意していたのに、5人の愚かな乙女たちは油を用意していなかった、というのです。花婿が遅れて到着した時、油を用意していなかった5人の乙女たちは、ともし火の油が切れてしまったため、花婿を迎えに出ることが出来ずに閉め出されたという内容です。主イエスはこの譬えの後で「だから、目を覚ましていなさい。あなたがたはその日、その時を知らないのだから」と言われました。この譬えで主イエスが示そうとされたことは、神の国は、婚礼のような大きな喜びの時であるということです。主イエスが再び来られて、この世を治められる喜びの時なのです。その時がいつであるかは、誰にもわかりません。だからこそ、私たちは、いつも目を覚ましてその時に備え、祈りつつ待ち望むことが求められているのです。

神の国は、主イエスキリストの到来によって、すでに始まっているのですが、未だ完成してはいません。主イエス・キリストが再び来たり給う時に完成するのです。私たちはいわば、この「すでに」と「未だ」という二つの時の「中間時」（K・バルト）を旅しているようなものです。私の恩師・井上良雄先生は、この二つの時の緊張関係をつぎのような譬で説明しています。

「ここに、大勢の人が住んでいる一軒の家があるとします。この家を囲む世界には、もう朝がきていて。朝の光が、すでにこの家を照らしているとします。しかしこの家のすべての窓には遮光性の分厚いカーテンがかかっていて、中に住んでいる大部分の人は、朝がきていることを知らず、まだ夜の闇が続いていると思って、その家の中で眠っている。しかし、この家に住む少数の者は、朝が来たことを知り、闇の中で目覚め、活動を開始しようとしている。……そのようなものが、私たちが生きるこの世界の状況であり、まだ神の国は実現していないという事実と、しかしイエス・キリストにおいて神の国はもうすでに来ているという事実とに挟まれた終末時に生きる私たちの状況である」（『山上の説教――終末時を生きる』144頁）と。

「神の国・神の支配」は、すでにイエス・キリストによって始まり、到来しているのですが、同時に、未来に向かって祈りつつ、待ち望むべきものです。「御国が来ますように」という祈りは。まさにそのような緊張した中間時において祈るべき祈りなのです。

私たちを取り巻く今の世は、闇に包まれ、どこにも希望のないような状況です。長引くロシア軍によるウクライナでの戦争やミャンマーでの非道な軍事支配、日本における憲法を無視した軍拡化政策などを思うにつけ、ふと「神の支配はどこにあるのか」と思うことがあります。しかし、私たちはそのような時代の中でこそ、主イエス・キリストの十字架と復活によってもたらされた福音の恵みに固く立ち、「御国を来たらせたまえ」と祈りつつ、主の御心の実現のために励む必要があるのです。やがて、闇の被いが取り除かれて、上からのまばゆいばかりの光が、世界の隅々を照らすようになるのです。

主イエスは、十字架に架かられる前夜、弟子たちに言われました。「あなたがたには世で苦難がある。しかし、勇気を出しなさい。わたしは既に世に勝っている」（ヨハネ福音書

16・32）と。また、ヨハネ黙示録の中でこう言われました。「見よ、わたしはすぐに来る。わたしは報いをたずさえて来て、それぞれの行いに応じて報いる。わたしはアルファでありオメガである。初めにして終わりである」（22・12—13）と。

神は、世の初めから、終わりまで、イエス・キリストと共にこの世を支配し導いておられるのです。コロナのようなウィルスがこの世を支配しているように見えても、永遠ではないように、この世の権力の座にある者の支配も永遠ではありません。この世を支配しておられるのは、ただ一人、天地を造られた主なる神のみです。神はその独り子イエス・キリストを通して、すでにその支配を明らかに示され、やがてその支配を完成されるのです。

K・バルトは、死の前夜、畏友のトゥルナイゼンに、電話で次のように語ったそうです。「世界の情勢は暗澹《あんたん》としているね。ただし、意気消沈《いきしょうちん》だけはしないでおこうよ。なぜなら、支配していたもう方がおられるのだから。モスクワやワシントン、北京においてだけではない。……全世界においてだよ。しかもまったく上から、天上から支配していたもうのだ。神が支配の座についておられる。だから私は恐れれない。最も暗い瞬間にも信頼を持ち続けようではないか。希望を捨てないようにしようよ。すべての人に対する、全世界に対する希望を。神は私たちを見捨てたまいはしない。私たちのうちのただの一人も……」、これがバルトの最後の言葉であったそうです。

私たちも、最後まで主なる神の支配を信じて、「御国を来たらせたまえ」と祈りつつ、希望をもってこの世の闇と闘い、主に従う歩みを貫き通したいと願います。

12. み心が行われますように（主の祈り3）

マタイによる福音書6・9―13

主イエスが弟子たちに教えられた「主の祈り」の第三の祈りは、マタイ福音書によると、「御心が行われますように。天におけるように地の上でも」です。私たちは、これを普段、「御心が天になるごとく地にも成させたまえ」と祈っています。この祈りは、これまでの「御名が崇められますように」、「御国が来ますように」という祈りと同じように、神についての祈りです。

この第三の祈りは、なぜかルカによる福音書11章2節以下の「主の祈り」には、欠けています。これについてはさまざまな見解があるようですが、恐らく、「御国を来たらせたまえ」というすぐ前の祈りと内容的に重複するため、省略されたのではないかと思われます。たしかに「御国」（神の支配）を求める祈りと、御心（神の意志）を求める祈りは、内容的に共通している面があります。しかし「御国」が神の支配の客観的な側面を示しているのに対して、「御心」は、神の支配の内的な側面を表わしていると言えます。マタイ福音書の記者は、その点を重視しているのではないでしょうか。

「御心」とは、神の意志、こころざし、計画などを意味する言葉です。神の御心、ご計画は、すでに「天」において、つまり神さまご自身において、すでに定められていることです。「地」にある私たちに、それは隠されていますが、その神の御心が、神の自由な意志によって、「地の上」（この世）に実現しますように、という祈りです。このような祈りは、私たちの普段の祈りでは、あまり祈られることがないのではないでしょうか。

私たちは、普段、とかく自分の願い、自分の思いだけを一方的に神に聴いてもらい、願いを叶《かな》えてもらおうと祈ります。自分の直面している悩みや苦しみが大きければ大きいほど、祈りを聴いて叶えて欲しいという要求も強くなります。そのこと自体、決して間違っていることではありません。よく、「苦しい時の神頼み」と、祈りを揶揄《やゆ》するような言い方がされます。たしかに、苦しい時だけ神に祈り、あとは神に背を向けているというご都合主義は問題ですが、苦しい時や辛《つら》い時に祈ることは、大切なことであり、そのような時にこそ、熱心に祈る必要があります。フォーサイスは、『祈りの精神』の中で、「最悪の罪は祈らないことである」と説き、苦難の中でこそ、あきらめずに執拗《しつよう》に祈り続けることを勧めています。「二枚の板を固着させるとき、接着剤が固まるまで外部から圧力をかけるように、災いや不況、失望は人を圧《お》し潰《つぶ》すように見えるが、実は人を神と接合させるのである」と。

しかし、そのような私たちの祈りが、私たちの思いや願いどおりに叶えられるとは限りません。時には、祈りが聴かれず、「神はなぜ沈黙しておられるのか」と思いたくなることもあります。神の御心は私たちには、隠されているからです。使徒パウロは、コリントの信徒への手紙（二）12章で、自分の身に与えられた病（「とげ」）を、「サタンからの使い」と呼んで、これを離れ去らせて下さいと三度も主に祈った、と記しています。どのような病であったかは記されていませんが、宣教の障害になるような持病であったようです。その病を癒し、障害を取り除いて欲しいと必死に祈ったのですが、その願いは叶えられず、「わたしの恵みはあなたに十分である。力は弱さの中でこそ十分に発揮される」との主の御声を聴いたのです。パウロは、この主の言葉に力づけられて、「わたしは弱い時にこそ強い」と自分の弱さを誇りとし、主の御力に頼って、ますます力強く福音を宣べ伝えるようになったのです。

神さまは、私たちの思いや願いを超えて、最も良き道を備えていてくださるのです。祈りは神との対話です。対話とは、一方的に自分の思いや願いを述べるだけでなく、相手の言葉にも耳を傾けることです。私たちの願いを率直に神に申し上げると共に、主の御声に耳を傾け、その御心に謙虚に従う者でありたいと願います。「御心が天になるごとく地にも……」との祈りは、そのような私たちの祈りの基本的な姿勢を教えているように思います。

神の御心は、時には、私たちにとって厳しく、受け入れ難く思われることがあるかもしれません。その例として、ルカによる福音書1・26以下に記されているマリアに対する天使ガブリエルの「受胎告知」の場面を思い起こします。貧しい田舎娘のマリアに、み使いは「恵まれた女、おめでとう」と声を掛け、「あなたは身ごもって男の子を産む。その子をイエス名づけなさい」と告げられたのです。まだ結婚していないマリアにとって、それはどんなに大きな驚きであり、受け入れがたいことであったか分かりません。「どうして、そんなことがあり得ましょう」と答えるマリアに、み使いは「聖霊があなたに降り、いと高き神の力があなたを包む。……神にできないことは何一つない」と告げました。このみ使いの言葉にマリアは、戸惑いながらも、「わたしは主のはしためです。お言葉どおり、この身になりますように」と、神の御心を受け入れたのです。クリスマスは、まさに天における神の救いのご計画が、地上に実現したという出来事です。神は、マリアを用いて、聖霊によって御子を宿らせ、御心を成就されたのです。若いマリアにはマリアなりの思いや計画があったことでしょう。当時、未婚の身で子どもを産むということは、社会的に厳しい制裁《せいさい》を受けなければならないことでした。マリアが、その過酷な運命を引き受ける決意をしたのは、それが天における神の御心であり、主のみ心が地になるためでした。「御心が行われますように」との祈りは、主イエスの母・マリアの祈りでもあったのです。私たちもこの祈りを口にするたびに、主の御心に従う決意を新たにし、御心がこの地になるために、一層、祈り努める者でありたいと願います。

主イエスの地上での生涯は、まさに「祈りの生涯」でした。祈りについて人々に教えられただけでなく、自ら常に祈られました。時には静かな湖畔で、また人里離れた山の上や寂しい場所に退いて祈られました。それは、イエスが敬虔《けいけん》な「宗教的な人間」であったからでなく、天の父からこの世に遣わされた御子として、神のみ心をこの地に実現するためでした。その祈りこそ、地上における主イエス・キリストの働きの原動力でした。「み心が行われますように。天におけるように地の上にも」との祈りは、主イエスご自身が、生涯、常に祈り続け、そのように生きられた祈りだったのです。

福音書に記されている主イエスの祈りの中で、最も印象深い祈りの場面は、十字架に架けられる前夜の「ゲツセマネの祈り」ではないかと思います。マタイ福音書26章36節以下によると、主イエスは「悲しみもだえ、うつ伏せになって、『父よ、この杯をわたしから過ぎ去らせてください……』と祈られました。ルカによる福音書では、「汗が血の滴《したた》るように地面に落ちた」（22・44）と、苦悩に満ちた主イエスの姿が強調されています。それはまさに「祈りの格闘《かくとう》」です。人となられた神の御子である主イエスが、私たちすべての人の罪を担って、罪人として神に裁かれることへの苦悩が赤裸々《せきらら》に描かれているのです。しかし、この祈りは、単に、苦難と死からの解放を願っているのではありません。「……しかし、わたしの願い通りではなく、御心のままに」という祈りへと展開しているのです。ここにも「御心が成りますように」という「主の祈り」が貫かれているのです。

「御心が成りますように」との祈りは、神への信頼に基づく祈りです。しかしそれは、安易な「あなた任《まか》せ」の祈りではありません。フォーサイスは、私たちの祈りがあまりにも早く「御心が成りますように」と祈りがちなことを指摘し、「神の意志の実現を目指して、頑強《がんきょう》にねばり強い祈りを捧げることは、さらに御心にかなうことである」と述べています。マリアにとっても、主イエスにとっても、「御心が成りますように」という祈りは、神との真剣な格闘の末に祈られた言葉で、この祈りを通して、苦難を御心として受け入れ、担う力が与えられたのです。

このように、「主の祈り」の「み心が地にも行われますように」との祈りは、私たちが父なる神の御心に対して、主体的に決断し、服従することを示す祈りなのです。

ヒットラーに抵抗して、殉教したボンヘッファーは、処刑されるに際して、友人に宛てた手紙の中で、次のように記しています。「われわれが、今日キリスト者であるということは、ただ二つのことにおいてのみ成り立つであろう。すなわち祈ることと、人々の間で正義を行うことだ。……祈ることと人々の間で正義を行うこと。そこからこそ教会の新しい歩みが始まるのだ」と。真の祈りは、単に個人的、内面的な願いに終わらず、人々の間で神のみ心にかなった正義を行うという、主体的な行動と生き方を生み出すものだというのです。これは、今日の私たちに語られた言葉でもあります。

主イエスは、ゲッセマネでの大切な祈りの場に、弟子のペトロとゼベダイの子二人を伴って行かれ、「ここを離れず、わたしと共に目を覚まして祈っていなさい」と命じられました。疲れて眠りこんでしまう弟子たちを、主は3度も起こされ、共に祈ることを求められたのです。それは、弟子たちにも、「時の徴」を見極めて、「御心が地になるように」と祈り続けてほしかったからです。

主イエスは、祈りのあとで、「立て、行こう」と、自分を捕えに来た人々に向かって立ち上がり、十字架への道を歩まれたのです。祈りこそ、私たちを立ち上がらせ、神のみ心に従わせる力です。

今の時代、祈ることの難しい時代です。祈るべき課題が目の前に山のようにあるにもかかわらず、何をどのように祈ってよいのか、分からない私たちです。そのような私たちのためにこそ、主イエスは「主の祈り」をお与えになったのです。日ごとにこの祈りに導かれ、目を覚まして祈り、主の御心に従い続けたいものです。「眠りから覚めるべき時」が来ています。主よ、「み心が天になるごとく地にも成させたまえ」。

13．日毎の糧を（主の祈り4）

マタイによる福音書6・11／出エジプト記16・9―21

「主の祈り」は、神の「御名」「御国」「御心」を求める三つの祈りと、私たちの「日毎の糧《かて》」「罪の赦し」「悪からの救い」を求める三つの祈りから成り立っています。この後半の「私たちのための祈り」の最初の祈りが、「わたしたちに必要な糧を今日与えてください」という祈りです。私たちはこの祈りを、「我らの日用の糧を今日も与えたまえ」と文語体で唱えていますが、「日用の糧」とは、毎日のパン（食べ物）のことです。神の御名・御国・御心を求める祈りの直後に、このような毎日のパンのための祈りが続いているということは、少し奇異《きい》な感じがいたします。毎日のパンの問題は、私たちのあまりにも身近な、日常的な事柄だからです。しかし、ここにこそ「主の祈り」の特色があり、わたしたちの信仰のあり方が示されているように思います。

私たちは、とかく、信仰と生活を分けて考えがちです。礼拝や祈りは日曜日に教会で行い、月曜日から土曜日は職場や家庭で、信仰とは無関係に、この世の流れに従って生活している場合が多いのではないかと思います。そういう中で、毎日のパンの問題は、仕事や家計など生活の問題として悩むことはあっても。祈りの課題となることは少ないのではないでしょうか。

「我らの日用の糧を今日も与えたまえ」。主イエスはこの祈りによって、日毎のパンのためにも、毎日祈るべきことを教えられたのです。毎日のパンは、私たちの命を支えるものであり、私たちの生活の基盤です。主イエスは、私たちの全生活が祈りによって支えられ、導かれるものであることを示されたのです。

主イエスは、神の子としての公の活動を開始する際、40日間断食をして、サタンの試みに遭《あ》われました。その最初の試みが「神の子なら、これらの石がパンに成るように命じたらどうか」でした。（マタイ4・1以下）。主イエスは、それに対して「人はパンだけで生きるものではない。神の口から出る一つ一つの言葉で生きる」と答えられました。主イエスはこの荒野で、飢えがどんなに辛いものであり、危険な誘惑を含むものであるかを身をもって体験され、「人はパンだけで生きるものではない」ことを確信されたのではないでしょうか。パンがなければ、人は身体的に生きることは出来ません。しかし、有り余るほどのパンがあっても、神との生きた交わりがなければ、霊的には生きているとは言えません。「日毎の糧を今日も与えたまえ」。主イエスは、この祈りを私たちに与えることによって、私たちの全生活が「祈りの生活となり」、永遠の命にあずかるようになることを求められたのです。

今日、食糧問題は世界的な問題です。ことに農作物や畜産など自給率の低い日本において、深刻な問題になりつつあります。ウクライナ戦争や円安などの影響を受けて、小麦や飼料用トウモロコシをはじめ、あらゆる原料や原油などの値上げによって日常の食料品が高騰し、国民の生活を圧迫しています。まさに、「自分の命のことで、何を食べようか、何を飲もうかと思い悩む」時代になりつつあります。国際的な外交のあり方や国の農業政策のあり方が、根本的に問われているのです。それと同時に、私たちは、これまでの「飽食の時代」の「食」に対するあり方を根本から考え直し、祈りをもってパンを求め、感謝をもって頂くという姿勢が求められているのではないでしょうか。パンと共に、神から与えられる「命の糧」にあずかることが大切なのです。

主イエスは、「空の鳥」「野の花」を例に、明日のことまで思い悩まず、天の父に信頼し、「何よりもまず、神の国と神の義を求めよ」と言われました（6・25－34）。日毎のパンの祈りは、「神の国と神の義を求める」祈りと深く関わっているのです。

「わたしたちに必要な糧を今日与えてください」。この祈りは、「今日必要なパンを、今日与えてください」と訳すことのできる言葉です。つまり明日のパン、明後日のごはん、将来の食糧のことまで思い悩む必要はないのです。日々、神の御手の中に守られ生かされていることを感謝しつつ、「今日という日を精一杯生きます。そのために必要な糧を、今日お与えください」と祈るのです。

出エジプト記16章の記事は、モーセに率いられてエジプトを脱出したイスラエルの民が、荒野で食べ物のことで不平・不満を漏らした時のことです。彼らはこうつぶやいたのです。「我々はエジプトで、肉のたくさん入った鍋を囲んで腹いっぱい食べられて幸せだった。しかしモーセは我々をこんな荒野に連れ出して、飢え死にさせようとしている」と。エジプトで、奴隷としてこき使われていた民が、肉鍋を囲んで腹いっぱい食べられたというのは、幻想です。彼らは日毎の糧さえ十分ではなかったはずです。この民を神は憐れみ、モーセを通して、「乳と蜜の流れる」約束の地へと導かれたのです。人はだれでも、神から愛され、良き道へと導かれている途上においても、感謝ではなく、不平や不満をもらすものです。ちょっとした困難に出会うと、過去を懐かしみ、「昔はよかった」「あの頃は幸せだった」と、過去を美化して、現在の苦労を嘆きつぶやくのです。

民のつぶやきに困り果てたモーセが、神に祈ると、神はその祈りに応えて、夕方にはうずらが飛んできて宿営を覆い、朝には宿営の周りに露《つゆ》のようなものが降りるようにされたのです。この露のようなものが、「マナ」と呼ばれるようになった「天からのパン」です。人々はこれによって飢えをしのぐことができたのですが、この不思議な食べ物は、みんなに1オメル（2・3リットル）ずつ均等に与えられ、「多く集めたものも余ることなく、少なく集めた者も足りないことはなく、それぞれが必要な分を集めた」（18節）というのです。さらに不思議なことに、翌朝の分まで残しておいた分は、虫がついて食べられなくなり、朝毎にそれぞれ必要な分だけ与えられたのです。また、安息日にマナは降らず、その前日に2倍量が与えられたというのです。まさに、「今日必要なパンを今日」与えられたのです。神は、私たちの祈りに応えて、必要な時に、必要なものを備えて、私たちを養ってくださるのです。

私たちキリスト者は、食事のたびに神に感謝の祈りを捧げますが、この習慣も、日毎の糧（毎日のパン）は神から与えられ、神によって生かされていることを覚え感謝するためです。

「わたしたちに必要な糧を今日与えてください」。この祈りのもう一つの大切な点は、

「わたしたちに」という冒頭の言葉です。この祈りは「わたし」個人のパンの祈りではなく、複数形の「わたしたち」のパンの祈りであるということです。これは、「主の祈り」全体がそうですが、個人的な祈りではなく、「わたしたち」の「共同の祈り」だということです。自分をも含む家族や、教会の仲間のためのものでもあり、国全体、世界のすべての人々のための祈りでもあります。ティーリケはこの「主の祈り」を「世界を包む祈り」と呼んでいますが、まさに世界のすべての人のための祈りでもあるのです。ことに貧しくされて、飢えている人々、戦争や災害で苦しんでいる人々、難民などをも含めて、「日毎の糧」を必要としているすべての人たちのことを覚えて、「日毎のパンを今日もお与えください」と祈ることが求められているのです。主イエスご自身、そのように祈りつつ、弟子たちに、そし私たちに、「このように祈りなさい」と言われたのです。

アジア、アフリカ、中東の各地には、未だに「日毎の糧」にこと欠く人々が大勢います。貧富の格差はますます広がり、難民と呼ばれる人々をどう受け入れるかが大きな課題となっています。世界で起こっている紛争や戦争は、大部分が、食料や資源の問題をめぐって起こっています。かつて日本の国が、中国や朝鮮半島に侵略し、世界を巻き込む戦争まで犯したのも、自国のための食料や資源を確保するためでした。自国のパン、自国の経済のみを考え、他国の人々のことを考えない「自国主義」が、他国を侵略し、戦争への引き金になっているのです。今、日本でも、軍事費を増強し、武力による覇権《はけん》主義を強めていますが、イザヤが警告したように、「剣を打ち直して鋤《すき》とし、槍《やり》を打ち直して鎌《かま》とし」、互いに食料を分かち合い、共に生きるのでなければ、人類は滅びてしまうのではないでしょうか。

最近、私の関わる「9条の会」の講演会で、講師の政治学の教授が、世界はこのままでは核戦争にまで進む危険性がある。それを阻止するためには、平和憲法を持つ日本の外交努力が必須だと語られ、「今こそ国民の平和への声と宗教者の祈りが求められる」と訴えられました。宗教者の集いでもなく、宗教とは無縁のこの教授から、このように「宗教者は祈って欲しい」と訴えられたことに正直驚きました。教会はこの世から、平和のために祈ることを期待されているのです。

「我らの日用の糧を今日も与えたまえ」。わたしたちは、世界を包むこの祈りを祈りつつ、世界のすべての国々、全ての人々と共に、必要な「日用の糧」を分かち合う平和な世界の実現のために、祈り労するものでありたいと願います。

14. 罪の赦し（主の祈り 5）

マタイによる福音書6・12／18・21－35

マタイによる福音書によると、「主の祈り」の5番目の祈りは、「わたしたちの負い目を赦してください。わたしたちも自分に負い目ある人を赦しましたように」です。私たちは普段この祈りを「我らに罪を犯す者を我らが赦す如く、我らの罪をも赦したまえ」と祈っています。ちなみに、ルカによる福音書の平行記事（11・4）では、「わたしたちの罪を赦してください。わたしたちも自分に負い目のある人を、皆赦しますから」となっています。

ここでまず注目したいことは、罪を表わす言葉として、「罪」と「負い目」という、二通りの言葉が使われていることです。聖書で一般的に使われている「罪」という言葉は「的を外す」という意味の「ハマルティア」という言葉です。この言葉の意味は、本来、神に向かって生きるように造られたはずの人間が、神に背を向け、神から離れ失われてしまった状態にあることを意味します。それに対して、「負い目」という言葉「オフェィレー」は、もともと商業用語で、「負債」、「借金」を意味する言葉です。マタイ福音書では、「罪」を表す言葉として、この「負い目」という言葉が多く用いられます。この「負い目」という言葉は、ここでは、神から多くの愛と恵みをいただいているにもかかわらず、その愛と恵みに十分に応えていない、義理を欠いている状態を意味します。

いずれにしても、聖書で言う「罪」は、私たちの心が神の御心から離れ、神の愛と恵みに応えていない状態です。そういう意味では、聖書で言う「罪」は、私たちが普段使う「罪」とは、ずいぶん違っています。私たちが普段使う「罪」は、法に触れるような犯罪とか、倫理・道徳から外れたような不道徳な行為、あるいは良心の呵責《かしゃく》を覚えるような過ちを意味しますが、聖書では、あくまでも神の前での、神に対するあり方が問題なのです。

主イエスが私たちに「このように祈りなさい」と与えてくださった「主の祈り」の中に、このような「罪の赦し」についての祈りがあることは、意義深いことです。なぜなら私たちは普段、自分の罪について深く自覚し、そのために祈ることが少ないからです。

前回、私たちは、この祈りのすぐ前にある「わたしたちに必要な糧を今日与えてください」（11節）という祈りについて学びました。私たちにとって、毎日のパンは、極めて日常的な必需品です。そのために祈り求めることはあっても、自分の罪について神の赦しを祈り求めることは、あまり多くはないように思います。主イエスは、日毎のパンを求める祈りに続いて、この罪の赦しを求める祈りを示されることによって、日毎のパンと同様に、毎日、主の前に自分の罪を告白し、赦しを求めることの大切さを示されたのではないでしょうか。

しかし、この「主の祈り」を祈るとき、いつも戸惑いを覚えるのは、「我らの罪を赦したまえ」という祈りに続いて、「我らに罪を犯す者を我らが赦す如く……」という言葉が付け加えられていることです。マタイ福音書では、「……わたしたちも自分に負い目のある人を赦しましたように。」となっています。多分皆さんの中にも戸惑いを感じている方がおありかと思います。私たちは、自分に罪を犯した人、自分に負い目のある人を「赦した」とか、「赦している」とは、とても言えないからです。ルカによる福音書で見ると、「わたしたちも自分に負い目ある人を皆赦しますから」となっています。この方がまだ抵抗が少ないのですが、それにしても「皆赦しますから」というような確約を、だれができるでしょうか。いずれにしても、私たちは自分の赦しを前提にしたり、条件にして、自分の罪の赦しを祈ることはできません。私たちにとって、人を赦すということは、そう簡単なことではないからです。

マタイ福音書の18章21節以下に、弟子のペトロが、主イエスのもとに来て、「主よ、兄弟がわたしに対して罪を犯したなら、何回赦すべきでしょうか。七回までですか」と尋ねたことが記されています。恐らくペトロは、「敵を愛せ」とか「迫害するもののために祈れ」という主イエスの教えに従って、人を愛し、人の罪を赦そうと努力したことでしょう。気短かなペトロのことですから、対立する相手や気に食わない仲間の言動に度々腹を立て、「一度赦した、二度赦した」と、我慢《がまん》してきたのかもしれません。どれだけ我慢し、あと何度赦せばよいのか？　そんな気持ちで、主イエスに問うたのではないでしょうか。「何回赦せばよいのか。七回までですか」と。「七回」とは、ペトロにとって我慢《がまん》の限界を意味していたと思います。主イエスは、それに答えて言われたのです。「あなたに言っておく。七回どころか、七の七十倍までも赦しなさい」と。「七の七十倍」とは、４９０回という意味ではありません。「無限」を意味する言葉です。つまり、「赦し」というのは、一度二度……と数え上げるものではなく、無限のものだということです。

ヒルティという人の言葉に「赦しとは、忘れることだ。『赦しはするが忘れはしない』というのでは、赦したことにならない」というのがあります。「赦す」とは無限のものであり、相手の罪や負い目を忘れることなのです。しかし、悲しいことに、そのような相手の罪、恨《うら》みつらみを忘れようと思っても、忘れられないところに、私たち人間の悲しい性《さが》があるのです。

一体、罪ある私たちに、どうしてそのような赦しが可能なのでしょうか。主イエスは、驚くペトロに一つの譬《たと》えを語られました。「ある王様が家来たちに貸したお金の決済をしようとした」というのです。その家来たちの中に一万タラントンもの借金していた人がいました。これは今のお金に換算すると6千億円というとてつもない金額です。とうてい返すことのできない金額です。「どうか待ってください」とひれ伏して懇願《こんがん》する家来を見て、寛大な王は哀れに思い、彼を赦しその借金を全額帳消しにしたというのです。この家来は大喜びで、王のもとから外に出ました。しかし、そこで百デナリオン（100万円ぐらい）貸していた仲間に出会うと、彼の首を絞め「借金を返せ」と強く迫り、「どうか待ってくれ」とひれ伏す仲間を赦さずに、牢にぶち込んだ、というのです。それを聞いた王は、心を痛め、「わたしがお前を憐れんだように、お前も自分の仲間を憐れんでやるべきではなかったか」と怒って、借金をすっかり返済するまで、その家来を牢に引き渡したという譬えです。

この譬えは、神の前に、私たち人間の負っている負債（罪）が、いかに大きいかを示すと共に、神はその大きな負債をすべて赦してくださるお方であることを示しています。これは、主イエス・キリストの十字架と復活による罪の贖いの恵みを示唆《しさ》した譬えです。私たちキリスト者は、この主イエス・キリストの贖《あがな》いの恵みによって、すべての罪を赦され、自由にされた神の僕なのです。そのようなものとして、本来、喜びをもって他者に仕え、自分に負い目ある友や敵対する人をも赦し、受け入れて、共に歩むことが期待されているのです。生まれながらの私たちには、そのような力はありませんが、神からの無償《むしょう》の愛と赦しの恵みを受けて、人を愛し赦すことができるのです。

「わたしたちも自分に負い目のある人を赦しましたように」とは、私たちの赦しの前提条件ではなく、あくまでも、神からの赦しと愛の力によって、「私たちも自分に負い目ある人を赦します」という応答の意味が、込められているように思います。私は、この「我らが赦す如く」の部分を祈る時、一瞬、自分はどれだけ人を赦し、受け入れているかを反省させられ、続く「我らの罪をも赦したまえ」という祈りを痛みをもってアーメンと祈らされます。

かつての大戦中、争い合っていたドイツにおいても、その敵となった英国やフランスにおいても、キリスト者たちが「主の祈り」を祈る時、とてもつらい思いをしたということを何かで読んだことがあります。激しい敵意と憎しみの中で、良心的なキリスト者たちは、この祈りを声に出して祈ることができなかったそうです。「日毎の糧を今日も与えたまえ」という祈りは、切実な思いで祈っても、「我らに罪を犯す者を我らが赦す如く……」という祈りになると、沈黙せざるを得なかったのです。よく分かる気がします。

主イエスは、この「主の祈り」を弟子たちに教えられたあと、14節－15節で「もし人の過ちを赦すなら、あなた方の天の父もあなた方の過ちをお赦しになる。しかし、もし人を赦さないなら、あなたがたの父もあなたがたの過ちをお許しにならない」と言われました。これは、罪の赦しの祈りに対する補足説明で、後の教会の付加と思われますが、赦すことと赦されることとは、切り離すことのできない不可分の関係にあることを強調しているのです。

主イエスは、この祈りを通して、私たちに問いかけておられます。「罪赦された者として、あなた方はどれだけ人を愛し赦しているのか」と。また「自らの罪の赦しを乞うならば、あなた方はまず他者の罪を赦し、敵をも愛せよ」と。この祈りもまた、個人の祈りであると共に、「我らのための祈り」でもあり、「世界を包む祈り」です。敵意と憎悪の渦巻く今日の世界の中で、主の御心に適った平和な世界を造り出すためにも、私たちは「我らの罪を赦したまえ」と祈りつつ、国籍や人種、すべての違いを越えて、互いに赦し合い、愛し合い、共に生きる交わりを築き上げていきたいものです。

15. 試みにあわせず（主の祈り 6）

マタイによる福音書6・13／ルカによる福音書22・31－34

マタイ福音書によると、「主の祈り」の最後は、「わたしたちを誘惑に遭わせず、悪い者から救ってください」という祈りです。私たちは普段この祈りを、「我らを試みにあわせず、悪より救い出したまえ」と祈っています。「誘惑」と「試み」とでは、少し意味が異なるように思いますが、原語のギリシャ語では、同じ「ペイラスモス」という言葉が使われていて、「試練」とも、「誘惑」とも訳すことのできる言葉です。ちなみに、前の口語訳聖書や、最近の聖書協会共同訳では「試み」と訳されています。

「試練」と「誘惑」は、似ている面もありますが、違う面もあります。「試練」には、「試し鍛《きた》える」という積極的な面が強いと思いますが、「誘惑」というと「心を迷わせ、悪い道に誘い込む」という否定的な面が強いのではないかと思います。聖書では、「試練」は、信仰を試すために神から与えられる苦難という意味で使われます。それに対して「誘惑」は、信仰を揺《ゆ》さぶり、神の御心から引き離そうとするサタンの試みという意味で用いられます。

「試練」の代表的な例として、創世記22章のアブラハムの「イサク奉献《ほうけん》の物語」があります。神はアブラハムに、高齢になってやっと与えられた独り子イサクを、焼き尽くす献げ物として献げよと命じられました。それはアブラハムにとって、耐えがたい「試練」でしたが、「主が備えたもう」と信じて、み言葉に従いました。神は、その信仰の故に彼を祝福し、「あなたは自分の独り子ですら惜しまなかったので、あなたの子孫を天の星のように、海辺の砂のように増やそう」と約束されたのです。

「誘惑」の代表的な例としては、マタイ福音書4章のイエスの「荒野の誘惑」をあげることができます。主イエスは、公の生涯を歩みだすにあたって、40日間、サタンの試みに遭《あ》われました。空腹の極みの中で「石をパンに変えたらどうか」、「神殿の頂上から飛び降りて、皆が驚くような奇跡を行ったらどうか」、「サタンにひれ伏して、世界の栄華を自分のものにしたらどうか」という誘惑です。これは、神の子なら、苦難を避けて手っ取り早い方法で、栄光への道を歩んではどうかという「誘惑」でした。しかし、主イエスは、その一つ一つの試みを神の言葉をもって退け、十字架への道を歩まれました。

「試練」と「誘惑」は、このように違う意味あいをもつようですが、この違いは、コインの表と裏のような関係で、同じ一つの出来事の、見方による相違のように思います。例えば、ヨブ記に記されているヨブの試練の場合を見てみましょう。ヨブは、神を敬い、悪を避けて生きていた正しい人でした。彼は10人の息子娘に恵まれ、多くの家畜や財産を持って幸せな生活をしていました。それを妬《ねた》んだサタンが、神に語るのです。「ヨブは、利益もないのに神を敬うでしょうか。神から祝福を受け恵まれているから、神を敬うのです。彼の持ち物と財産を取り上げみてはどうでしょう。きっと彼はあなたを呪《のろ》うに違いありません」と。神はサタンに答えて、「ヨブは正しい人で、神を呪うような男ではない。お前の好きなように試してみたらよい」と言うのです。そこでサタンは、ヨブに次々と災いをもたらし、試みます。盗賊や天からの火によって、すべての家畜や財産が奪われ、大風によって家が潰《つぶ》され10人の息子娘たちが家の下敷きになっていっぺんに亡くなってしまいます。ヨブは深く悲しみつつも、「わたしは裸で母の胎を出た。裸でそこに帰ろう。主は与え、主は奪う。主のみ名はほめたたえられよ」と、神を呪うことはなかったのです。サタンはそれでもあきらめず、神に訴えます。「ヨブは自分の持ち物を失っただけで、直接自分の体に苦しみを負ったわけではない。彼の骨と肉を撃ってごらんなさい。きっとあなたを呪うに違いありません」と。そこで神は、「命だけは奪うな」という条件で、サタンの試みを許すのです。サタンは、ヨブの体全体を、嫌な腫物《はれもの》で覆い、耐えがたい苦しみを与えます。ヨブは灰の中に座り、茶碗のかけらで体中をかきむしって耐え、妻から「神を呪って死ぬ方がましでしょう」とさえ言われますが、神を呪うことをしませんでした。しかし、やがてあまりの苦しさに、ついにヨプは、自分の生まれてきたことを呪い、友人たちとの論争を経て、「なぜ罪のないものが苦しまなければならないのか」という深い懐《かい》疑《ぎ》に陥り、神と直接論争したいと訴えるようになるのです。そのような長い葛藤《かっとう》の末に、主は嵐の中からヨブに語りかけ、ヨブは自らの不信仰を悔い、神に立ち帰ります。そのようなヨブに、神は以前にも勝る祝福を与えたというのです。

このヨブの試みを通して教えられることは、「サタンの誘惑」と「神からの試練」とは、密接に結びついているということです。神の許しなしに、サタンの試みはなく、神は、サタンの誘惑という形を通して、私たちを試みることがある、ということです。

私たちはこの世で、病や愛する者の死、仕事や対人関係の行き詰まりなど、様々な悲しみや困難に遭遇《そうぐう》することがあります。時には恐れや不安、孤独の寂しさなどに、耐えられない思いをすることもあります。そういう中で、サタンはしばしば私たちに働きかけて、私たちを安易な間違った道へと導こうとします。しかし、そこにも、私たちの主なる神は、生きて働いておられ、私たちの祈りに応えて、最も良き道を備《そな》えてくださるのです。私たちが常に心に留めておきたいことは、たとえどんなにサタンが猛威《もうい》を振るい、悪がこの世を支配しているように見えても、すべてを支配し導いておられるのは、天の父なる神だということです。神は私たちを「耐えられないような試練に遭わせることはなさらず、試練と共に、それに耐えられるよう、逃れる道をも備えていてくださる」（コリントー10・13）のです。

主イエスは、捕らえられる直前、弟子のペトロに言われました。「シモン、シモン、サタンはあなた方を、小麦のようにふるいにかけることを神に願って聞き入れられた。しかし、わたしはあなたがたのために、信仰がなくならないように祈った。だから、あなたは立ち直ったら、兄弟たちを力づけてやりなさい」（ルカ22・31－32）と。「小麦のようにふるいにかける」とは、大きな試練によって、信仰が揺《ゆ》さぶられ試されることを意味します。その試みは、サタンの誘惑の形をとった神の試練です。主イエスは、その試みに耐えられるよう祈られたのです。私たちは、自分の力だけで、サタンの誘惑に打ち勝つことも、神からの試練に耐えることもできません。主イエスの祈りを必要とするのです。しかしペトロは、あたかも自力《じりき》で、自分の信仰を保持できるかのように、「あなたと一緒なら死んでもよいと思っています」と豪語《ごうご》したのです。そのようなペトロに、主イエスは、「言っておくが、あなたは今日、鶏が鳴くまでに、三度わたしを知らないと言うだろう」と言われたのです。はたしてその数時間後、ペトロは、大祭司の中庭で三度も主イエスを「知らない」と否《いな》み、激しく泣く結果になったのです。

ペトロの弱さは、私たちの弱さでもあります。ペトロは、自らの力にではなく、主イエスの「あなたのために祈った」との祈りに依り頼み、自分も神に祈り求めるべきでした。「わたしたちを誘惑に合わせず、悪い者から救ってください」と。

この祈りは、自らサタンの試みに遭われて、勝利された主イエスご自身の祈りでもあったのです。「誘惑に合わせず、悪い者から救ってください」。主イエスは、そのようなご自身の祈りを、「主の祈り」の最後の祈りとして、弟子たちと私たちに与えてくださったのです。

ヘブライ人への手紙の記者は主イエス・キリストについてこのように述べています。「この大祭司（キリスト）は、わたしたちの弱さに同情できない方ではなく、罪を犯されなかったが、あらゆる点において、わたしたちと同様に試練に遭われたのです」（4・18）。また、「主ご自身、試練を受けて苦しまれたからこそ、試練を受けている人たちを助けることがおできになるのです」（2・18）と。

主イエスの試練は、荒野の誘惑から十字架の死に至るまで続きました。十字架の死を前にしたゲツセマネの祈りは、サタンとの最後の戦いであったと言えましょう。主イエスは悲しみ悶え「父よ、できることなら、この杯をわたしから過ぎ去らせてください」と祈りつつ、「しかし、わたしの願いどおりではなく、御心のままに」（26・39）と、すべてを父なる神の御手に委ねて、御心に従ったのです。その十字架の死に至る従順さこそが、復活への道であり、サタンの試みに対する決定的な勝利でもあったのです。

ヨハネ福音書の記者は、厳しい迫害に曝《さら》されている当時の教会に、主イエス・キリストの言葉として、「あなたがたには、世で苦難がある。しかし、勇気を出しなさい。わたしはすでに世に勝っている」（16・33）と記しました。

私たちは、この世で、さまざまな困難や試練に遭い、その度にサタンの試みに心惑わされている弱い者です。しかし、そのような私たちの弱さと罪を担われ、勝利された主イエス・キリストが、今も私たちのために祈り励まして下さっています。「われらを試みに合わせず、悪より救い出したまえ」と祈りつつ、私たちも主の御心に従って悪しき力と闘い続けたいと願います。

16. 天に宝を

マタイによる福音書6・19－24

マタイによる福音書6章19節―24節は、「富」について、主イエスの語られた一連の教えです。主イエスはその冒頭、こう言われました。「あなたがたは地上に富を積んではならない」。ここで「富」と訳されている言葉は、前の口語訳聖書でも、最近の聖書協会共同訳でも「宝」と訳されています。「宝」とは、毎日の生活では使われない余分の富です。「主の祈り」の中で、「わたしたちに必要な糧を今日与えてください」と祈るように教えられた主イエスは、この箇所で、余分の富である宝を地上に積むことの無意味さについて語るのです。「そこ（地上）では、虫が食ったり、さび付いたりするし、また、盗人が忍び込んで盗み出したりする」と。「宝の持ち腐《ぐさ》れ」とよく言われますが、使わない富や宝は、結局無駄になってしまうものです。しかし、主イエスは単に、無駄にしたらもったいない、という意味で、地上に富を積むことを諌《いさ》めたわけではありません。20節で主イエスは、「富は、天に積みなさい」（以前の口語訳聖書では「天に宝をたくわえなさい」）と語られました。これは、富や宝に対する私たちの心のあり方を問われ、神の前に富む者となることを求められた言葉です。「あなた方の富のある所に、あなたの心もあるのだ」(21節)と。

私たちは、地上に富や宝を積むほど、経済的に豊かではないかもしれません。むしろ円安・物価高・低賃金の中で、いろいろとやりくりをしながら生活している人が多いと思います。そういう意味では、主イエスのこの言葉は、富を積み、宝を貯えることのできる比較的豊かな人々のことが取り上げられているように思われます。

当時のユダヤの社会は、ローマの支配下にあって、一般庶民は、とても富や宝を貯える余裕はありませんでした。けれども、王侯貴族たちは、ローマ政府の言いなりになり、その保護のもとに結構贅沢《ぜいたく》な生活を送っていました。また祭司長や長老・律法学者など宗教的権力者たちも、神殿の市場や民からの献げ物で結構潤《うるお》っていたようです。さらに徴税人たちは、ローマ政府からの収入に加え、不正な取り立てにより私腹を肥やし、豊かな生活をしていました。しかし、多くの一般の人々は、それらの人々の陰で、極めて質素な暮らしをしていたのです。貧富の差は、いつの時代にも、顕著《けんちょ》な仕方で存在し、富める者はますます豊かになり、貧しい人たちはますます貧しくされるという矛盾があります。

主イエスの周りに集まって、この「山上の説教」を聴いている人々は、弟子たちと大勢の貧しい群衆です。地上に富や宝を積む余裕《よゆう》はなかったと思います。そのような人々に、富や宝について語られるのは場違いのように思われるかもしれません。しかし、富や宝は、すでにそれを保有している人たちだけの問題ではなく、それを持たない人々にとっても、大きな関心事です。乏しさの中でこそ、富に憧《あこが》れ、執着《しゅうちゃく》する思いが強くなるからです。富や財産（宝に）対する関心は、昔も今も、貧富の差を越えて、全ての人が心の内に深く抱いている欲求ではないでしょうか。

主イエスは、「地上に富を積んではならない」と言われましたが、「富」そのものを「悪」として否定しているわけではありません。老後の生活や、将来の計画のために預金し、災害や不慮の事故に備えて備蓄《びちく》するということは、必要なことでしょう。問題は、富を何のために、どのように活用するか、ということです。

主イエスは、ルカによる福音書12章16節以下で、次のような譬《たと》えを語っておられます。「ある金持ちの畑が豊作だった。金持ちは、『どうしょう。作物をしまっておく場所がない』と思い巡らしたが、やがて言った。『こうしょう。倉を壊して、もっと大きいのを建て、そこに穀物や財産をみなしまい、こう自分に言ってやるのだ。〝さあ、これから先、何年も生きて行くだけの蓄えができたぞ。ひと休みして、食べたり飲んだりして楽しめ〟

と。』しかし神は、『愚か者よ、今夜、お前の命は取り上げられる。お前が用意した物は、いったいだれのものになるのか』と言われた」。主イエスはこの譬えを語られて、「自分のために富を積んでも、神の前に豊かにならない者は、このとおりだ」と言われました。

この譬えは、私たちに、地上の富よりも、もっと大切なものがあるということを教えています。それは、神から与えられている「命」です。私たちは、神によって生かされている者として、その命を神の前でどのように生きるか、ということが問われているのです。具体的には、神から与えられている恵みの賜物を、自分のためにだけ蓄えるのか、他者と分かち合い、共に生きるのか、ということです。「神の前に豊かになる」とは、神から与えられた命を感謝し、その恵みに応えて神と人とに仕え、「共に生きる」ことではないでしょうか。

主イエスがこの譬えを語られたのは、群衆の一人が、遺産の分配のことで兄弟と争い、「自分にも遺産を分けてもらうように」と訴え出たことによります。主イエスは、「貪欲《どんよく》に注意しなさい。人の命は財産によってどうすることもできないものだ」と言われて、この譬えを話されたのです。遺産相続を巡る争いは、私たちの周囲でもよくある話です。それまで仲の良かった家族が遺産を巡って、それこそ骨肉の争いをし、互いに傷つけあい、不幸な結果に陥ってしまう例が少なくありません。目に見える地上の富よりも、兄弟が和合し、共に生きることが、どれほど豊かな富かわかりません。「天に宝を積む」とは、そのような「神の前に豊かになる」ことを意味するのです。

コリントの信徒への手紙（二）の中で、パウロはこう述べています。「あなた方は、私たちの主イエス・キリストの恵みを知っています。すなわち、主は豊かであったのに、あなたがたのために貧しくなられた。それは主の貧しさによって、あなた方が豊かになるためだったのです」（8・9）。神の御子であられる主イエス・キリストが、私たちのために、貧しき人の子としてこの世に来られ、飼い葉桶から十字架の死に至るまで、貧しさを貫《つらぬ》かれたのです。その「主の貧しさ」によって、私たちは救われ、豊かにされたのです。それ故に、私たちはその「豊かさ」をもって、他者を思いやり、貧しい人々と共に分かち合うように、と勧められているのです。「あなたの富のある所に、あなたの心もあるのだ」（21）と主は言われます。私たちは「天に宝を」積むことによって、この世のあらゆる柵《しがらみ》から自由になり、神と人とに仕える歩みに励みたいと思います。

主イエスは、それに続く22節で、「体のともし火は目である。目が澄んでいれば、あなたの全身が明るいが、濁《にご》っていれば、全身が暗い」と言われました。私たちの心の目が、自分の富や財産、持ち物に執着していると、その目は濁って、全身に光が入ってこないのです。闇の中で、自分のことしか視野に入らず、神のことも、他者のことも見えなくなってしまうのです。主によって、心の目から汚れを取り除いてもらい、澄んだ目で、神の光を受け入れたいものです。そのことによって、私たちは闇の世界から解放され、他者と共に明るく豊かな歩みをすることができるのです。

最後に、主イエスは、24節でこのように述べられました。「だれでも、二人の主人に仕えることはできない。一方を憎んで他方を愛するか、一方に親しんで他方を軽んじるか、どちらかである。あなたがたは、神と富とに仕えることはできない」。ここで使われている「富」という言葉は、「マモン」というギリシャ語で、人の心を惑わす悪魔的な力を持った偶像《ぐうぞう》を意味する言葉です。この世の富や財産には、そのような悪魔的な要素があるのです。最近、オリンピックやコロナ対策における政界と財界との癒着《ゆちゃく》、政党の旧統一協会への依存、選挙における贈収賄《ぞうしゅうわい》など、金銭にまつわる疑惑が絶えません。いかに金銭や富が悪魔的な力をもって人々の心を支配していることでしょう。神を神として畏《おそ》れることのない人間の罪が、ますます、人々の心を、富の力（マモン）に引き付けさせているように思います。

私たちは、政治の不正が正され、富の格差が是正《ぜせい》され、すべての人の暮らしが豊かになることを願うものですが、そのためにも、私たち自身が、神のみを神として、富の力に縛られず、自由に神と人とに仕える者にならければならないと思います。神から与えられている命と豊かな賜物に感謝しつつ、それを他者のために生かして用い、共に「天に宝を積む」豊かな恵みにあずかりたいと願います。

17. 思い悩むな

マタイによる福音書6・25－34

　この聖書の箇所は、主イエスの「山上の説教」の中央に位置し、その頂点とも言われる箇所です。ここには、「思い悩む」という言葉が6回も繰り返し記されています。この「思い悩む」という言葉は、前の口語訳聖書では「思い煩《わずら》う」と訳され、最近の聖書協会共同訳聖書でも「思い煩う」になっています。いずれにしても、この原語は「メリムナ」というギリシャ語で、人間の心の奥深くにある心配や、不安、悩みなどを意味している言葉です。

　主イエスの周りに集まっていた人々は、ほとんど貧しい人々で、さまざまな病や障がい、切実な悩みを抱えている人々でした。そういう人々に、主イエスは「自分の命のことで何を食べようか何を飲もうかと、また自分の体のことで何を着ようかと思い悩むな」（27節）と言われたのです。

　ここには、「食べるもの」と「飲むもの」、「着るもの」についての「思い悩み」が取り上げられています。私たちは一般に、生活にとって必要な条件として、「衣・食・住」という3つの要素を上げますが、ここでは、「衣」と「飲食」について取り上げられても、「住」(住まい)については、何故か取り上げられていません。もしかしたら、そこに集まった群衆の多くは、その日の飢え渇きをしのぐ食べ物と、寒さから身を守る衣服のことで頭がいっぱいで、「住まい」のことまで考える余裕《よゆう》がなかったのかもしれません。今日でも、住む家のないホームレスや安住の地すらない難民のような人々が多くおられます。主イエスご自身も、「人の子には枕するところがない」(マタイ8・20)と言われました。主イエスは、そのような「住まい」と無縁な貧しい人々の立場に身を置いて、「思い悩むな」と語りかけられたのです。

しかし、「思い悩み」は、貧しい人々だけのものではありません。前回の19節以下で、主イエスは「地上に富を積んではならない」と、富の虚しさと誘惑について語られました。そこでは、富を貯える余裕のある比較的豊かな人々の「思い悩み」が取り上げられていたのです。

「思い悩み」は、貧富の差に関わらず、全ての人の心の中にある思いです。富む人には富む人なりの「思い悩み」があり、貧しい人には貧しい人なりの深刻な悩みがあります。

近代になって、人間の生活は便利になり、経済的には豊かになりましたが、貧富の差はますます広がり、「思い悩み」の内容も、多様化したように思います。仕事の忙しさや、人間関係の複雑さなど、ストレスが絶えません。自然破壊やコロナなどの疫病の蔓延、原発や核戦争の不安など、「思い悩み」は尽きません。「生きるということは、思い悩むことだ」と言った人がいますが、確かにそのような一面があります。そういう中で、主イエスはなぜ、「思い悩むな」と言われるのでしょうか。誰も、好き好んで思い悩んでいるわけではありません。誰でもが、思い悩みから解放されたいと願いつつ、思い煩っているのです。

主イエスはここで、「食べ物」や「飲み物」、「衣服」のことで「思い悩むな」と言われるとき、「自分の命のことで……」、「自分の体のことで……」と付け加えられました。自分の「命」と「体」とは、私たちの「存在」そのものを意味します。主イエスは、私たちの「思い悩み」を、私たちの存在の根底から問題にしておられるのです。「命は食べ物よりも大切であり、体は衣服よりも大切ではないか」と。主イエスは、このように問うことによって、私たちの命は何によって支えられ、体は何によって保たれているかを問うておられるのです。私たちの命も体も、自分のもののようでありながら、自分のものではなく、神から貸し与えられたものです。「主が与え、主が取られる」（ヨブ1・21）のです。

主イエスがここで、まず言わんとしていることは、「思い悩み」によっては、なにごとも解決しないということです。27節で「あなたがたのうちだれが思い悩んだからといって、寿命をわずかでも延ばすことができようか」と言われている通りです。この「寿命」と訳されている言葉には、「身長」という意味もあり、昔の文語訳聖書では「身の長一尺を加へ得んや」と訳されていました。「命」も「体」も、自分の力では、どうにもできないのです。主イエスはこのように語ることによって、「思い煩いは、神にゆだねよ」（ペトロ一5・7）と、語りかけておられるのです。私たちの命も体も、存在そのものが、神の御手の中にあるからです。

このような観点から、主イエスは「空の鳥」と「野の花」の例を挙げて、それらの被造物がどのようにして生き、育っているか、「よく見なさい」と語られます。「よく見る」とは、単なる観察ではありません。「心の目で見る」ことを意味します。まず、「空の鳥」について、「空の鳥をよく見なさい。種も蒔《ま》かず、刈り入れもせず、倉に納めもしない。だが、あなたがたの天の父は鳥を養ってくださる。あなたがたは鳥よりも価値あるものではないか」（26節）と語られました。ここで述べられている、「種を蒔く」「刈り入れる」「倉に納める」という働きは、農家の男たちの仕事とされていました。猫の手も借りたいほどの忙しい農繁期でも、空の鳥は手伝うこともなく、呑気《のんき》に空を飛び、さえずっているだけです。しかし、神はそのような空の鳥をも支え、養っていてくださるのです。興味深いことに、ルカによる福音書の平行記事では、この「鳥」という言葉は「烏《からす》」になっていります（12・24）。烏は、何の働きもしないどころか、ごみをあさったり、農作業の邪魔《じゃま》をしたりするような無益な存在です。しかし神は、そのような鳥にも命を与え養っておられる、というのです。

続いて主イエスは、「野の花」について言われました。「野の花がどのように育つのか、注意して見なさい。働きもせず紡《つむ》ぎもしない。しかし言っておく、栄華を極めたソロモンでさえ、この花の一つほどにも着飾ってはいなかった。今日生えていて、明日は炉に投げ込まれる野の花でさえ、神はこのように装ってくださる」（28－30）と。ここで用いられている「働き」や「紡ぐ」という言葉は、当時の女性の家事や糸を紡ぐ仕事を意味します。「野の花」は、そのような仕事を手伝うこともしません。この役にもたたない野の花をも、神は美しく装ってくださり、その美しさは栄華を極めたソロモン王の飾りにも勝る、というのです。パレスチナの地方では、シロッコと呼ばれる熱風が吹くと、野の花がたちまちドライフラワーのようになってしまうそうです。そのような儚《はかな》い野の花を、神は憐れみ、こんなにも美しく装ってくださる、と言われるのです。

この美しい譬えについて、「イエスは詩人だ」と言った文学者がいましたが、主イエスは、単に自然の美しさや神秘を讃えているのではありません。30節の後半で「まして、あなたがたにはなおさらではないか」と語っておられるように、神の愛と恵みは、空の鳥や野の花以上に、豊かにあなたがたに注がれている、と語っておられるのです。人間の価値は、どれだけの仕事をし、どれだけ役に立つか、という才能や能力（「生産性」）によって計られるものではありません。私たちはだれでも皆、神さまによって必要とされ、生かされ、愛されている存在なのです。

主イエスは、この譬えを語られた後、「だから、『何を食べようか』『何を着ようか』と言って思い悩むな」と言われ、「あなた方の天の父は、これらのものがみなあなた方に必要なことをご存じである」（32節）と言われました。この言葉の背後には、「あなた方の『思い悩み』はすべて、わたしが背負う」という主イエスの深い思いが込められているように思います。「思い悩むな」とは、そのような主イエスの執り成しに裏打ちされた言葉であり、「思い悩む必要はないのだ」という、慰めと励ましの言葉なのです。

キェルケゴールというデンマークの哲学者は、「空の鳥・野の花を見よ」という小冊子の中で、「空の鳥・野の花は沈黙の教師である」、また「服従の教師である」と語り、「我々は神の愛と恵みの前に、沈黙して、すべてを主のみ手にゆだねて、主に従うことを学ぶように求められている」と述べています。また「空の鳥・野の花は喜びの教師でもある」とも述べ、「私たちは、あるがままで神さまから愛され、必要とされ、生かされているのだから、思い煩うことなく、自由な喜びをもって生きようではないか！」と呼びかけています。

33節で主イエスは、さらに言われました。「何よりもまず、神の国と神の義を求めなさい。そうすれば、これらのものはみな加えて与えられる」と。あれこれと「思い悩む」のではなく、一切を主の御手に委ね、ひたすら「神の国」（神の支配）と「神の義」（神の御心）を祈り求めることの大切さを諭《さと》されたのです。そこにこそ「自由な喜び」があるのです。

この一連の教えの締めくくりとして、主イエスは「明日のことまで思い悩むな。明日のことは、明日自らが思い悩む」（34節）と言われました。「明日」を擬人化《ぎじんか》したユーモアに満ちた言い方ですが、この言葉の背後には、十字架の道を歩まれる主イエスご自身の「明日」への決意が秘められているように思われます。「明日のことは父なる神に委《ゆだ》ね、今日という日を父の御心に従って、精一杯に生きよう」と。

思い悩むことの多い私たちですが、主によって生かされ、「万事が益となる」ように導かれていることを感謝し、喜びと希望をもって主に従い、ひたすら「神の国と神の義」がこの地に成るように、祈り努めたいと願います。

18. 人を裁くな
マタイによる福音書7・1－6

主イエスは、「人を裁くな」と言われました。この「裁く」という言葉は、ギリシャ語の「クリノー」という言葉で、もともとは「分ける」とか「区別する」、という意味の言葉です。そこから、「判別する」とか、「批判する」、「裁く」などの意味で使われるようになったのです。

マタイ福音書の25章31節以下で、主イエスは終末における神の裁きについて次のように述べています。人の子が栄光に輝いて再びこの地に来られるとき、すべての人を集めて、羊飼いが羊と山羊とを分けるようにより分け、右にいる人たちには、神の国を受け継ぐように言われ、左にいる人たちには、永遠の火に入れと言われる、と。そこでの裁きの基準は、「最も小さい者の一人」に対する配慮ですが、この譬えにもあるように、「裁く」ことは、区別し、分離することでもあるのです。

主イエスはこの「裁くな」という言葉で、何を言おうとされたのでしょうか。勿論、裁判制度そのものを否定したり、善悪の判断をあいまいに「清濁《せいだく》あわせ飲め」などと言っているのでもありません。また「批判精神」そのものを否定しているのでもありません。善悪を正しく判別し、不正を正し、冷静に批判し合うことは、むしろ大切なことです。ことに、政治の腐敗や間違った政策に対して、国民が正しく判断し批判することは、民主主義の基本です。

「人を裁くな」。主イエスはこの言葉を、どのような状況の中で、どのような人たちを意識して語られたのでしょうか。当時、権威をもって人を裁いていたのは、祭司長や律法学者、ファリサイ派の人たちでした。彼らは「律法」の掟《おきて》に基づいて人々を裁き、律法を知らない異邦人や貧しい人々、仕事や病などのために掟を守れない人々を「罪人」と呼んで蔑《さげす》んでいました。主イエスは、そのような律法学者やファリサイ派の人々の偽善を批判し、「彼らの行いは、見習ってはならない。言うだけで実行しないからである。彼らは背負いきれない重荷をまとめ、人の肩に載せるが、自分ではそれを動かすために指一本貸そうともしない」（マタイ23・3b―4）と指摘しています。主イエスの周りに集まってきた群衆の大半は、そのような律法の重荷を背負わされ、差別されていた人々でした。主イエスはまず、彼らに「人を裁くな」と語ることによって、「律法学者やファリサイ派の人々のようになるな」と諭《さと》されたのだと思います。そこに集まっている群衆には、人を裁くような権威も力もありませんが、彼らの内にも、互いに「人を区別」して、羨《うらや》んだり、蔑《さげす》んだり、差別し合うような「裁き合い」があったことでしょう。

「人を裁く」ということは、特定の人たちだけの問題ではなくて、私たちもまた日常的に人と人とを比較して差別したり、人と自分とを比較して、劣等感に悩んだり優越感から人を見下すようなことをしているのでないでしょうか。

ジャン・ド・ルージュモンという人の詩に、次のようなのがあります。

「もし、私の隣人が私より強いならば、私はその人を怖れる。／もしその人が私より弱ければ、わたしはその人を軽蔑する。／もし私とその人とが同じであれば、私は奸計《かんけい》に訴える。／私がどのような動機をもっていたら、その人に仕えることができ、／私にどのような理由があったら、その人を愛することができるだろうか。」

この詩人の問いは、私たち人間の共通した思いではないでしょうか。人はみんな平等で、強い人も弱い人もなく、上も下もないのに、互いに心の中で比較し合い、裁き合って、受け入れ合おうとしないのです。今日の競争社会の中で、その傾向はますます顕著になっているような気がします。そのような意味でも、この「人を裁くな」とは、私たち一人一人に語りかけられた主のみ言葉として、深く受け止める必要があります。

「人を裁くな」と言われた主イエスは、その理由として、「あなたがたも裁かれないようにするためである」と語り、「あなたがたは、自分の裁く裁きで裁かれ、自分の量る秤《はかり》で量り与えられる」（2節）と言われました。「人を裁く」のは、神であって、人ではないということです。「人を裁く」前に、まず、自分自身を神の前に省み、裁かれないようにする必要があるのです。

私たちは人を裁く時、自分の判断や、正しさを基準にして、相手の間違いや非を咎《とが》めます。お互いの間違いや非を正しく指摘し合うことは、大事なことですが、「裁き」に伴う危険性は、自分の判断や正しさを過信し、絶対化してしまうことです。私たちは、たとえ自分の考えや判断が正しいと思っても、それが相対的なものでしかないことを自覚しなければなりません。神の正しさ（義）のみが絶対なのであって、私たちも、神の前に裁かれなければならない者だからです。パウロは、ローマの信徒への手紙の中で、「正しい者はいない。一人もいない」（3・10）と述べています。私たちは、神の前に、常に過ちを犯すものであるからです。人を裁くのは主なる神であって、私たちに人を裁く資格はないのです。

人が人を裁くことの危険性は、裁く人が、自らの正しさに酔うことによって、まことの裁き主である神を見失い、自分自身をも見失ってしまうことです。そしてそのことは、裁く相手を傷つけ、相手をも失ってしまうことになるのです。神の裁きの根底には愛がありますが、私たちの裁きには愛がなく、感情的な嫌悪感《けんおかん》や憎しみによることが多いからです。

「人を裁くな。あなたがたも裁かれないようにするためである」。このように言われた主イエスは、3節以下で譬えを用いて次のように語られました。「あなたは、兄弟の目にあるおが屑《くず》は見えるのに、なぜ自分の目の中の丸太に気付かないのか。兄弟に向かって、『あなたの目からおが屑を取らせてください』と、どうして言えようか。自分の目に丸太があるではないか」。

ここで用いられている「おが屑」と「丸太」は、以前の口語訳聖書では、「ちり」と「梁《はり》」と訳されていました。いずれにしてもここでは、最も小さいものと最も大きなものとの対比がなされているのです。私たちは、人の小さな欠点や短所には敏感に気付き、それを指摘して裁くのに、自分のことになると全く分からないことが多いのです。人のことが気になればなるほど、自分自身のことがますます疎《おろそ》かになり、見えなくなります。自分に大きな過ちや欠けがあるのに、それに気づかず、人のことを裁いていることが多いのです。そのような者が、どうして他人を責め、過ちを正すことが出来ようか、と主は言われるのです。これは、人の過ちや欠点を、見て見ぬふりをせよ、という意味ではありません。誤りや欠点などを冷静に指摘し合い、正し合うということは、必要なことです。陰でこそこそと悪口を言い合うより、よほどましです。しかし、その欠点を指摘し正す場合に必要なことは、まず自分自身の不完全さ（欠点や短所など）を認めつつ、相手に対する愛と配慮をもって忠告することです。「人のふり見て、わがふり直せ」という諺《ことわざ》がありますが、相手の非を通して、自分の非、自分の罪を自覚し、悔い改めることが必要なのです。

主は言われました「偽善者よ、まず自分の目から丸太を取り除け。そうすれば、はっきり見えるようになって、兄弟の目からおが屑を取り除くことができる」（5節）と。まず自分自身の罪を、取り除くことによって、他者の過ちを正すことができるのです。主イエスは、互いに裁き合うのではなく、共に心の目を開き、相手を受け入れ「共に生きる」ことを求めておられるのです。

では、どうしたら私たちは、この「丸太」のような大きな「罪」から解放され、相手を自由に受け入れるようになれるのでしょうか。私たちは、自分の力でこの「丸太」を取りのけることは出来ません。しかし、主イエスご自身が、私たちの「丸太」を担って、取り除いてくださるのです。主イエスが担われた十字架は、まさに荒削《あらけず》りの「丸太」でした。主イエスはその「丸太」を担いでゴルゴタまで歩かれ、その丸太を担って、ご自身の命を犠牲にしてくださったのです。主イエスが、私たちの罪という「丸太」を担ってくださったことによって、私たちの目は開け、他者を受け入れ、他者と共に光のうちを歩むことができるようにされたのです。

主イエスは、その十字架の上で、祈られました。「父よ、彼らをお赦し下さい。自分が何をしているのか知らないのです」と。この祈りは、自分のうちにある「罪」に気付かず、人を裁いてばかりいる私たちのための執り成しの祈りです。

6節で主イエスは「神聖なものを犬に与えてはならず、また、真珠を豚に投げてはならない。それを足で踏みにじり、向き直ってあなたがたにかみついてくるだろう」と言われました。この箇所は、難解ですが、おそらく当時、異邦人や律法を守らない人々を「犬」や「豚」のように軽蔑していた律法学者やファリサイ派の人々に対する批判を込めて語られた言葉だと思います。弟子たちが福音を宣べ伝える際、彼らのように上から目線で、相手を差別し見下すような態度をとってはならない、と誡《いまし》めたものと思われます。「神聖な」神の言葉、「真珠」のような高価な恵みであっても、愛がなければ無に等しく、人々の反感を招くだけです。どのような人をも「人間」として尊び、「隣人」として受け入れ愛する関係の中でこそ、神の言葉は正しく聴かれ、福音は高価な恵みとして受け入れられるのです。

人を差別したり裁き合ったりすることをやめ、どのような人をも、キリストにあって愛し受け入れ、共に神の国の福音にあずかり、この地に御心に適《かな》った平和が実現するように、祈り努めたいと願います。

19. 求めよ、さらば与えられん

マタイによる福音書7・7―12

マタイによる福音書7章7節―12節は、「山上の説教」の中でも、特によく知られている有名な個所です。「求めなさい。そうすれば、与えられる。探しなさい。そうすれば、見つかる。門をたたきなさい。そうすれば、開かれる」。私が子供のころ、日曜学校で暗記させられた聖句の一つでもあります。当時はまだ文語体の聖書でしたので、「求めよ、さらば与えられん。尋ねよ、さらば見出さん。門をたたけ、さらば開かれん」という言葉で暗唱したみ言葉です。

「求めよ」、「探せ」、「門をたたけ」という言葉は、いずれも、人の意欲を掻き立て、やる気を促《うなが》す言葉です。自分の進路について迷った時、歩むべき道を見失った時、行き詰まった時など、この「求めよ」、「探せ」、「門をたたけ」というみ言葉が、不思議に思い返され励まされたものです。

もしこの言葉が、ただ「求めよ」、「探せ」、「門をたたけ」と言うだけの、単なる命令に過ぎなかったら、この言葉には、人を立ち上がらせるような力はなかったのではないでしょうか。この言葉の魅力と力は、それぞれの命令形の言葉の後に、「そうすれば、与えられる」、「そうすれば、見出す」、「そうすれば、開かれる」という、確かな約束の言葉が伴っていることとです。主イエスが、ここで語られたのは、単に「試しにやってみよ」との漠《ばく》然《ぜん》とした勧めではなく、確かな約束に基づく勧めなのです。

「求めなさい。そうすれば、与えられる。探しなさい。そうすれば見つかる。門をたたきなさい。そうすれば、開かれる」。主イエスは、この約束の確かさについて、さらに、「だれでも、求めるものは受け、探す者は見つけ、門をたたく者には開かれる」（8節）と強調しています。神の約束は確かであり、裏切ることはありません。「神は真実な方です」（コリント一1・9、10・13）。それ故に、主イエスは、私たちに真心をもって、「求め、探し、門をたたく」ことを勧めておられるのです。

この記事は、ルカ福音書によると、「主の祈り」の直後に、熱心に祈ることへの勧めとして語られています（11・9）。「求め、探し、門をたたく」ことは、「祈り」に他ならないのです。主イエスは、その箇所で、真夜中に訪ねて来た友のためのパンを求めて、もう一人の友に熱心に頼む人の例をあげ、「友達だからと言うことでは起きて何か与えるようなことはなくても、しつように頼めば、起きて来て必要なものは何でも与えるであろう」（ルカ11・8）と語られます。〝あきらめない熱心な祈りは、必ず聴かれる〟という勧めです。

この「求め、探し、門をたたけ」という勧めから、連想するのは、同じルカ福音書15章で、主イエスが語られた「失われたもの」についての三つの譬えです。そこには、百匹の羊の中の一匹の迷える羊を探し求める羊飼いの譬えと、十枚の銀貨の中の一枚を無くし探し求める婦人の譬え、放蕩《ほうとう》に身を持ち崩した息子の帰りを待つ父親の譬えが、連続して記されています。これらの譬えは、いずれも、失った者が、失われたものを必死に探し求め、それが見つかったときの大きな喜びを描いたものです。主イエスは、この三つの譬えを通して、神から離れて失われた一人の人間に対して、神はどれほど心を痛め探し求められるか、そして、その失われた者が見つかり戻ってきたとき、どれほど喜ばれるかを示されたのです。私たちが、求め、探し、門を叩く前に、神はそのような思いで私たちを求め、探し、私たちの心の門を叩いておられるのです。

そのような意味で、「祈り」は、神の「求め」と、私たちの「求め」との貴重な「出会いの場」であると言えましょう。父なる神は、私たちが「願う前から必要な物をご存じで」（マタイ６・８）、私たちの祈りに応えてくださるのです。「だれでも求める者は受け、探す者は見つけ、門をたたく者には開かれる」とは、そのような神の愛の故に「祈りは聴《き》かれる」という、祈りの確かさを示した言葉なのです。

９節以下で、主イエスは次のように語られました。「あなたがたのだれが、パンを欲しがる自分の子供に、石を与えるだろうか。魚を欲しがるのに蛇を与えるだろうか。このように、あなたがたは悪い者でありながらも、自分の子供には良い物を与えることを知っている。まして、あなたがたの天の父は、求める者に良い物をくださるに違いない」。

昔は、父親が幼児を虐待《ぎゃくたい》するなどということは、考えられないことでした。どんなに悪い父親でも、自分の子供がパンを欲しがるのに石を与えたり、魚を欲しがるのに蛇を与えたりするということは、あり得ないことでした。ましてや、天の父なる神が、私たちの求めに、応《こた》えられないことはあり得ません。心を込めて熱心に祈る祈りに、父なる神は誠意をもって応えてくださるのです。

しかし、実際問題として、私たちの祈りがいつも、祈った通りに聴かれ、願った通りになるとは限りません。祈りは、自動販売機のように、求めた通りのものが与えられるのではありません。熱心に祈ったのに、祈りが聴かれず、願いどおりにならないことも少なくないのです。聖書の中にも、祈りが聴かれなかった例が少なからずあります。

その例の一つが、コリントの信徒への手紙（二）に記されているパウロの祈りです。活発な伝道活動をしていたパウロにも、支障《ししょう》となるような持病がありました。パウロはそれを「肉体のとげ」とも「サタンからの使い」とも呼んで、取り去ってくださるようにと、三度も主に祈ったのです。三度とは、繰り返しと言う意味で、熱心に祈り続けたことを意味します。しかしその祈りは聴かれませんでした。神の答えは、「わたしの恵みはあなたに十分である。わたしの力は、弱さの中でこそ十分に発揮《はっき》されるのだ」ということでした。彼はその言葉を聞いて、この病は、自分が思い上がることのないように、神から与えられた恵みである、と受け止め、「神の力は弱さの中に働く。わたしは弱い時にこそ強い」と、弱さをバネとして生きるようになったのです（12・7―10）。

内村鑑三の書いたものの中に、『聴かれざる祈祷』という文章があります。それは長女のルツ子さんが病で亡くなった時のことを記したものです。内村は、祈りは必ず聴かれるということを信じて、熱心に祈ったそうです。医者からもう治らないと言われても、必ず癒されると信じて、祈り続けたのです。しかし、その祈りは聴かれず、愛娘は息を引き取りました。内村は、深い失意に陥《おちい》りました。愛する娘を失った悲しみもさることながら、祈りが聴かれなかったことに深い衝撃《しょうげき》を受けたのです。ヨブのように「わが父よ、汝、何ゆえに我を捨てたもうか」と、神から見捨てられたような思いになったそうです。しかし、やがて朝になり、日が昇って光が差した時、彼の心に一条の光が差し込み、涙ながらに神を賛美したというのです。内村の言葉によると、「死せし余《よ》の娘は復活した。彼女の生存は、以前よりさらに確実のものになった。天国の門は余のために開かれた。彼女の形は見えなくなって、余は彼女の霊を余の霊にいだくようになった。今や彼女は永久に余の娘である。何人も彼女を余より取り去ることはできない」と。そして内村は、次のように結んでいるのです。「余に聴かれざる祈りのあるは、神が特に余を愛したもう最も確かなる証拠である」と。神は、愛する者と共に働いて、「万事が益となるように」してくださるのです（ローマ8・28）。

神は、私たちの祈りに応えて、私たちにとって最も必要な物を与えてくださるのです。小さい子供が、父親の飲んでいるビールを欲しがっても、賢い父親はビールを与えず、代わりにジュースなどを与えるでしょう。お腹をこわしている幼児が、どんなにアイスクリームを欲しがっても、親は、それに代わる温かいミルクでも与えて、我慢させるのではないでしょうか。それが親の愛情です。主イエスは、「あなた方の天の父は、求める者に良い物をくださるに違いない」と言われました。この「良い物」という言葉は、ルカによる福音書11章の並行記事によると「聖霊」になっています。「まして天の父は求める者に聖霊を与えてくださる」(13b)と。祈りを通して与えられる最も良きものは、神の霊、「聖霊」なのです。私たちが、どう祈ったらよいか分からないときにも「〝霊〟自らが、言葉に表わせないうめきをもって執り成して下さる」のです(ローマ8・26)。

このような祈りについての教えの後、主イエスは、17節で、次のように語られました。「だから、人にしてもらいたいと思うことは何でも、あなたがたも人にしなさい。これこそ律法であり、預言者である」と。この言葉は、一般に「黄金律《おうごんりつ》」(ゴールデン・ルール)と呼ばれて、大切にされてきた教えです。ユダヤ教のラビたちの教えや、ギリシャやローマの格言の中にも、これによく似た「人からされたくないことは、人にするな」という教えがあったようです。子供のころ、私もよく親から言われたものです。「自分が人からされて嫌なことは、人にもしてはいけません」と。主イエスの言葉は、それとよく似ているようですが、否定形ではなく、より積極的に、「人からしてほしいと思うことを、人にしなさい」と言われたのです。「律法」と「預言者」とは、旧約聖書を意味します。神の愛に応えて、「隣人を自分のように愛する」ことが、「律法を全うする」ことなのです(ローマ13・9―10)。

主イエスは、この「黄金律」を示すことによって、私たちが祈るとき、ただ自分の欠乏を神さまに願い求めるだけではなく、他者の欠乏や痛みに思いを寄せ、他者のためにも祈ることの大切さを教えられたのだと思います。父なる神が、私たちの求めに応じて、私たちに最も必要なものを与えてくださるように、私たちもまた、助けを必要としている人々に思いを馳せ、その必要が満たされるように祈り、努める者でありたいと願います。

今、私たちの周りには、祈るべき課題が山積しています。ロシア軍によるウクライナでの戦争、スーダンの内戦、ミャンマーの軍事政権による弾圧、トルコ・シリアの大地震など、多くの人々の命が犠牲になり、飢えに窮《きゅう》している難民が増え続けています。日本国内や、私たちの身近なところにも、私たちの祈りを必要としている人々が多くいます。

「求めなさい」「探しなさい」「門を叩きなさい」という主イエスの勧めは、それらの人々の悲しみや苦しみを担い、そのためにも祈り求めよとの勧めではないでしょうか。

20. 命に通じる道

マタイによる福音書7・13―14／エレミヤ書6・16―19

私たちの人生には、多くの分かれ道があります。進学や、就職、結婚、転職など、進路に関わる大きな分かれ道もあれば、多様な生き方や考えの中で、右に行くか左に行くかの判断を迫られる場合もあります。古い諺《ことわざ》に「多岐亡羊《たきぼうよう》」という言葉があります。道が多くに分かれていて、羊を見失ってしまうという譬えですが、現代の私たちの社会も、多様な生き方や考え方、価値観の中で、多くの人が道に迷っている時代ではないかと思います。私にも、自分の生き方について、長い間決断がつかず低迷していた時期がありました。そのようなときに、出会ったみ言葉の一つが、エレミヤ書6章16節でした。

「さまざまな道に立って、眺めよ。昔からの道に問いかけてみよ。どれが、幸いに至る道か、と。その道を歩み、魂に安らぎを得よ」。前の口語訳聖書では、「あなたがたは分かれ道に立って、よく見、いにしえの道につき、良い道がどれかを尋ねて、その道に歩み、そしてあなたがたの魂のために、平安を得よ」と訳されていました。

このみ言葉は、バビロニアの侵攻に動揺するユダの民に対して、エレミヤが神の言葉として語ったものです。国家の存亡を前に、ただ戸惑い動揺する民に、冷静に判断し、「昔からの道に問いかけてみよ」と呼びかけたのです。今はやりの安易な道ではなく、これまでの歩みや先人たちの歩んできた道を顧みて、どの道が正しい道かを判断せよと言うのです。

昔からの古い道がすべて良いわけではありません。むしろさまざまな弊害《へいがい》や、改めるべき過ちも多く含まれているかもしれません。そういうマイナス面をも含めて、過去の歴史を顧み、正しい道がどれかを冷静に判断することが求められているのです。元ドイツの大統領ヴァイツゼッカーは、敗戦40年を記念する講演の中で、「過去に目を閉ざす者は、結局のところ、現在にも目を閉ざすことになります。過去の非人間的な行為を心に刻もうとしない者は、また同じ過ちを犯しやすいのです」と語りました。過去の戦争を美化し、大軍拡化を目指す日本の政権との大きな違いを感じます。ドイツのメルケル前首相も、福島の原発事故を契機に、原子力に頼らない自然エネルギーに転換することを決断しました。過去の失敗や過ちに学び、それを現在に生かすことが、賢明な判断なのです。

エレミヤが、「昔からの良い道」として、心に描いたのは、武力で国の繁栄を築いた時代のことではありませんでした。むしろ、モーセに率《ひき》いられて荒野をさまよった時代のことです。「荒野の40年」は、イスラエルにとって、最もつらく厳しい時代でした。食べ物にも飲み物にも窮する厳しい状況の中で、民は、神につぶやきつつも、天からのマナによって養われ、ひたすら主の導きに従ったのです。そのような民に対してエレミヤは、神の言葉として「わたしは、あなたの若い時の真心、花嫁の時の愛、種まかれぬ地、荒れ野での従順を思い起こす」（エレミヤ2・2）と語り、神に立ち帰るよう、呼びかけました。「昔からの道」とは、神の導きに従って、約束の地に至る「細く狭い道」でした。

主イエスは、マタイによる福音書7章13節以下で、「狭い門から入りなさい。滅びに通じる門は広く、その道も広々として、そこから入る者が多い。しかし、命に通じる門はなんと狭く、その道も細いことか。それを見出す者は少ない」と言われました。この言葉も、一般によく知られている言葉で、アンドレ・ジッドの「狭き門」など、小説の題名にも使われています。

主イエスは、私たちの人生における分かれ道を、大きく二つに分けています。一つは「広い門」から入り「広い道」を通る安易な道です。他の一つは、「狭い門」から入り、「細い道」を通る険《けわ》しい道です。私たちの選ぶべき道は、多岐《たき》にわたっているように見えても、結局、安易で楽な道か、狭く険しい道かの二者択一なのです。「広い門・広い道」は、多くの人たちの選ぶ人気の的ですが、「狭い門・細い道」は、少数者の道です。私たちは、とかく、多くの人の群がる広い門から入り、安易な道を歩むことを欲しますが、主イエスは、「狭い門」から入り、「細い道」を通ることを教えておられます。

一般に、「狭き門」という言葉は、有名校への受験や、有望な会社への就職の難しさなどを表わす言葉として使われますが、これは聖書の言葉を正しくとらえた表現ではありません。入試や入社などの場合は、大勢の人が入ることを希望し、競争が厳しくなることから、「狭き門」と呼ばれるわけです。そこに入ると、いわゆる出世街道が開かれると思われ、人々が殺到《さっとう》するのです。しかし、主イエスが言われる「狭い門」は、それとは逆に、一般の人々から見向きもされず、出世とは縁のない細く険しい道に通じる「狭い門」なのです。主イエスはそれを「命に通じる門」と呼び、みんなが憧《あこが》れ、希望する安易な道を「滅びに通じる門」として、警告するのです。主イエスはこの譬えで、何を言おうとしているのでしょうか。

この言葉は、直前の12節で語られた「人にしてもらいたいと思うことは何でも、あなたがたも人にしなさい」とのみ言葉に引き続いて語られたものです。前回学んだように、

「黄金律」と呼ばれるこの言葉は、「山上の説教」全体を要約した言葉です。主イエスはこれまでの教えの中で、「復讐するな」、「敵を愛せ」、「迫害する者のために祈れ」、「人を裁くな」など、神の国の新しい教えについて語られ、そのまとめとして、「人にしてもらいたいと思うことは、何でもあなたがたも人にしなさい」と語られたのです。この「黄金律」は内容的には、「自分を愛するようにあなたの隣人を愛しなさい」という教えと同じ意味です。しかし、一体だれがこの教えを完全に守ることができるでしょうか。人は誰でも無条件に自分を大切にし、愛しますが、同じような愛をもって他者を思いやり、仕えることは難しいことです。自動車事故で、運転者よりも助手席に座っている人の死亡率の方が高いのは、運転者は本能的に自分の身を守るようにハンドルを切るからだそうです。助手席に大事な妻や子が乗っていても、本能的に自分の身を守ってしまうのです。これが、私たち人間の現実の姿です。

しかし、そのような私たちを、あるがままで愛し受け入れ、私たちの身代わりとなって尊い命を捧げてくださった方がおられるのです。この「山上の説教」を語られた主イエス・キリストご自身が、まさにその生涯を通して、このみ言葉を生き、私たちに対する徹底した愛を示されたのです。由木康は『讃美歌21』280番で、主イエスの生涯を次のように詠っています。

「馬槽《まぶね》のなかに うぶごえあげ、木工《たくみ》の家に ひととなりて、貧しきうれい、生くるなやみ、つぶさになめし この人を見よ。／食するひまも うちわすれて、しいたげられし ひとをたずね、友なきものの 友となりて、こころくだきし この人を見よ。／すべてのものをあたえしすえ、死のほかなにも むくいられで、十字架のうえに あげられつつ、敵をゆるしし この人をみよ。……」

主イエス・キリストは、まさに「馬槽」から「十字架」の死に至るまで、自分を捨てて貧しくなられ、私たちの友となられて、その尊い命まで捧げてくださったのです。その主イエスが、「狭い門から入りなさい」と言われたのは、「わたしに従いなさい」という招きの言葉に他なりません。主イエスは、これらの一連の教えを通して、「わたしがあなた方を愛したように、あなたがたも互いに愛し合いなさい」と諭《さと》されたのではないでしょうか。

主イエスはヨハネによる福音書10章で、「わたしは羊の門である」（7節）と語り、「わたしを通って入る者は救われる」（9節）と述べています。また、14章では「わたしは道であり、真理であり、命である。わたしを通らなければ、だれも父のもとに行くことはできない」（6節）とも語られました。

イエス・キリストという門は、すべてのひとに開かれてはいますが、だれでもが押し掛けるような門ではありません。浅草の雷門やフランスの凱旋門《がいせんもん》は、観光のスポットでいつも大勢の観光客で賑わっていますが、イエス・キリストという門は、世間の人からあまり顧みられない「狭い門」です。主に招かれ、その招きに応えて、主に従う少数者の入る門です。その門に続く道は、細く険しい十字架の道です。しかしその道こそが、「真理」であり、「命に通じる道」なのです。

高村光太郎の有名な詩の一節に、「僕の前に道はない。僕の後ろに道はできる」というのがあります。しかし主イエスは、私たちの前に道を切り拓いてくださったのです。主イエスご自身が道となってくださったのです。主イエスはその道について、「命に通じる門は何と狭く、その道も細いことか」（14節）と言われました。ここで言う「命」とは、単に身体的に健康で長生きをするという意味ではありません。神から与えられる「永遠の命」のことです。永遠とは、時間の長さではなく、神と共にある充実した命の重さを意味する言葉です。「たとい死んでも生きる」という、生と死を超えた主と共にある命です。主イエスは、その「永遠の命」を私たちに与えるためにこの世にこられ、十字架の道を歩まれたのです。

私たちも、人生の分かれ道に立つとき、また大切な判断や決断をする時、「狭い門から入りなさい」との主の招きに従い、常に神と人とに仕える、命に通じる道を歩みつづけたいものです。

21. 良い実を結ぶ良い木

マタイによる福音書7・15－23

「山上の説教」も、いよいよ終わりに近づきました。13節で「狭い門から入りなさい」と命じられた主イエスは、この15節で、「偽《にせ》預言者を警戒しなさい」と諭されました。「偽預言者」とは、主イエスの教えに反して、「命に通じる狭い門」よりも、「滅びに通じる広い門」から入ることを勧める人々のことでしょう。「彼らは羊の皮を身にまとってあなたがたのところに来るが、その内側は貪欲《どんよく》な狼である」と述べられています。羊を装《よそお》って群れの中に入り込み、羊を惑わす「貪欲な狼」とは、イエスの弟子を装う無律法主義者ではないかと思われます。彼らは信仰による自由をはき違えて、肉の欲に従った自由奔放《ほんぽう》な生き方をし、多くの人々を惑わしていたようです。

主イエスは、律法学者やファリサイ派の人々の偽善的な律法主義を批判し、信仰による自由を説きましたが、それは「律法を廃止するためではなく、完成するため」（5・17）でした。律法の根源に立ち帰って、神を敬い人を愛する「神の国への道しるべ」を示すためでした。「山上の説教」は、まさにそのためになされた説教であり、主イエスご自身が神の国への「門」であり、「道」であることを示しているのです。

主イエス・キリストの門は、すべての人に開かれていますが、そこから入る人は多くはなく、主の御心に従ってその道を歩む者は常に少数者です。他方、「偽預言者」の説く安易な自由主義は、多くの人たちから歓迎され、主に従う者たちまでが惑わされる危険がありました。「広々とした道」に通じる「広い門」は、いつの時代も人気の的です。

預言者エレミヤは、北からの災いを前に、偽預言者たちが「平和だ、平和だ」と安易な慰めを語り、人々を享楽的《きょうらくてき》な生き方へと誘っていることに危機感をいだき、「背信の子よ、帰れ」と、神に立ち帰ることを求めました。しかしその叫びは人々に受け入れられず、彼は孤立し、民の多くがバビロンに捕囚される結果になりました。後に使徒パウロも、安易な「ほかの福音」を説く偽りの教師たちと対決しつつ、キリストの十字架と復活の福音に固く立つために闘いました。いつの時代も、似非《えせ》指導者に惑わされて、人々は安易な平安と慰めへの道を歩もうとするのです。

ヒットラーに抵抗して殉教したボンヘッファーは、似非指導者に同調して偽りの平安を享受《きょうじゅ》する多くの「ドイツ的キリスト者」と対峙《たいじ》して、十字架と復活の主にのみ従うことを強調しました。彼はその著書『キリストに従う』の冒頭で、「安価な恵みは、われわれの教会にとって許すべからざる宿敵《しゅくてき》である。われわれの戦いは今日、高価なる恵みをめぐって戦われている」と記しています。今日の教会の課題は、まさに「安価な恵み」を退け、十字架を負って主に従う「高価な恵み」の実を結ぶことではないかと思います。

「偽預言者を警戒しなさい」。主イエスは、このように諭された後、「すべて良い木は良い実を結び、悪い木は悪い実を結ぶ。良い木が悪い実を結ぶことはなく、また、悪い木が良い実を結ぶこともできない」（18節）と言われました。この譬えは、20節で「このように、あなたがたはその実で彼らを見分けられる」と述べているように、偽預言者を彼らの生き方によって見分けよ、と諭した言葉です。しかし、この言葉は、単に偽預言者と正しい預言者の判別の仕方を示しているだけではなく、あなた方自身、偽預言者のようになるな、という戒めでもあるのです。〝あなたがたは、良い実を結ぶ良い木なのかどうか、自分を吟味しなさい〟と、問いかけているのです。

ヨハネ福音書の15章で、主イエスはご自分をぶどうの木に譬え、「わたしはぶどうの木、あなたがたはその枝である。人がわたしにつながっており、わたしもその人につながっていれば、その人は豊かに実を結ぶ。わたしを離れては、あなたがたは何もできないからである」（5節）と言われました。この譬えとの関連で言うと、「良い木は良い実をむすぶ」とは、「イエス・キリストという幹に、一人一人がしっかりとつながっていれば、良い実を結ぶ」ということです。また、「悪い木」とは、枝が幹につながっていないため、良い実を結ぶことができないのです。主イエスは「偽預言者を警戒しなさい」という言葉で、「一人一人が、わたしにしっかりとつながり、良い実を結ぶ良い木として成長するように」と勧めているのです。

その「良い実」とはどのような実でしょうか。パウロはガラテヤの信徒への手紙の中で「霊の結ぶ実とは愛であり、喜び、平和、寛容、親切、善意、誠実、柔和、節制です」（5・22）と述べています。教会に連なる私たちは、たとえ少数者であっても、イエス・キリストにつながって、「愛、喜び、平和……」などの良い実を結ぶことにより、「良き幹」であるキリストを証しすることが求められているのです。

主イエスは、このように語られた後、21節で「わたしにむかって『主よ、主よ』と言う者が皆、天の国に入るわけではない。わたしの天の父の御心を行う者だけが入るのである」と言われました。イエスを「主」と呼ぶことは、キリスト者の最も基本的な「信仰告白」です。パウロはローマの信徒への手紙の中で、「口でイエスは主であると公に言い表し、心で神がイエスを死者の中から復活させられたと信じるなら、あなたは救われる」（10・9）と述べています。「イエスは主である」と告白することは、「主なるイエスに従う」という宣言でもあり、具体的な行動や生き方を伴うことがらです。主イエスは口先だけで「主よ、主よ」と語っても、具体的な生き方の伴わない信仰の虚しさを指摘しているのです。

ヘルムート・ティーリケが『教会の苦悩』の中で述べていたナチの時代の想像劇を思い起こします。――ベルリンの大競技場で、ナチズムのお先棒をかつぐキリスト者運動の一大デモンストレーションが開かれ、最高潮に達した時、一人のキリスト者が立ち上がって「イエスはメシヤである」と大声で叫んだ。何人かが振り返ってその男を不思議そうに眺めましたが、ほとんど気にも留めず、再び演壇の方に注目しました。しかしそこにもう一人、もっとはっきりと語ったキリスト者がいて、「キリストこそ、ただ一人の指導者である。イエスこそ主であり、ヒットラーは主ではない」と叫んだ。この人はたちまち、群衆に取り囲まれて、踏んだり蹴ったりの暴行を受けた――というものです。この想像劇は、福音宣教は具体的なポイントを衝かなければならないという主旨で記された例話ですが、信仰告白についても言い得ることです。「イエスは主なり」と告白することは、「イエス以外の者は主ではなく、主にのみ服従する」という具体的な生き方を伴うものなのです。

主イエスは次の22節以下で、さらに主に従う道の細く厳しいことを述べています。「かの日には、大勢の者がわたしに、『主よ、主よ、わたしたちは御名によって預言し、御名によって悪霊を追い出し、御名によって奇跡をいろいろ行ったではありませんか』と言うであろう。そのとき、わたしはきっぱりとこう言おう。『あなたがたのことは全然知らない。不法を働く者ども、わたしから離れ去れ』」。

「かの日」とは、終末における裁きの日のことです。主イエスは25章で、この日のことについて、「人の子は、栄光の座に着き、すべての民を、羊飼いが羊と山羊を分けるようにより分け、一方を天の国に招き、他方を永遠の火に投げ入れる」と述べています（31－48）。その裁きの基準は、「主よ、主よ」と言うことではなく、「最も小さい者の一人」を大切にし、相手の必要（ニーズ）に応えたかどうか、ということでした。主イエスはその理由として、「この最も小さい者の一人にしたのは、わたしにしてくれたこと」であり、「この最も小さい者の一人にしなかったのは、わたしにしてくれなかったことである」と述べています。主の名をみだりに唱えることではなく、身近に接する「最も小さい者の一人」を、ごく自然に、「自分を愛するように愛する」ことの大切さを、主は諭されたのです。それは、12節で主が述べられた「人にしてもらいたいと思うことは何でも、人にしなさい」という「黄金律」に通じることです。「御名によって預言し、御名によって悪霊を追い出し、御名によって奇跡をいろいろ行う」ことは、それなりに尊いことでしょうが、「愛がなければ無に等しい」（コリントー13・1―3）のです。

「信仰告白」とは、教義や信条に縛られることではなく、イエス・キリストを主と信じ、具体的な状況の中で、主イエスに従い、主イエスの愛に生きることではないでしょうか。私たちには「預言や悪霊の追放、奇跡」などを行うことは出来ません。しかし、主イエス・キリストの大きな愛を受けている者として、私たちの周りにいる「いと小さき者の一人」を大切にし、愛をもってそのニーズ（必要）に応えることならできるのではないでしょうか。共に、主イエス・キリストにしっかりつながって、「良い実を結ぶ良い木」となるよう、祈り努めたいと願います。

22. 岩を土台に

マタイによる福音書7・24－29

5章から続いた長い「山上の説教」の最後に、主イエスは結びとして、「わたしのこれらの言葉聞いて行う者は皆、岩の上に自分の家を建てた賢い人に似ている」（24節）と語られ、「わたしのこれらの言葉を聞くだけで行わない者は皆、砂の上に家を建てた愚かな人に似ている」（26節）と言われました。「わたしのこれらの言葉」とは、言うまでもなく、この「山上の説教」全体で語られた主イエスのみ言葉です。聞いて行うか、聞いても行わないかということは、聴衆の自由ですが、その違いは歴然《れきぜん》としています。主イエスは、その違いを家づくりの譬えで分かりやすく語られたのです。

主イエスは、大工のヨセフの息子として育ち、30歳くらいまで、郷里のナザレで、家づくりの仕事に関わっていたと言われます。ですから、家をつくるに際して、何が一番大切かということは、誰よりもよく知っておられたことでしょう。家づくりの中には、外観の立派さや工期の短縮、工費の削減《さくげん》などから、見えない土台部分の手を抜いて、安易に砂の上に家を建てるような者もいたかもしれません。しかし、賢い家づくりは、そのようなことはしません。何よりも、土台を吟味《ぎんみ》し、しっかりとした岩の上に家を建てます。見た目には、それぞれの家の違いはわかりません。手抜きの建物の方が、見栄えがよいかもしれません。しかし、「雨が降り、川があふれ、風が吹いてその家に襲う」と、両者の違いは、はっきりとするのです。言うまでもなく、砂の上に建てた家は、傾き、倒れてしまいます。しかし、岩の上に建てた家は、びくともしないのです。

み言葉を「聞く」ということは大切なことです。パウロはローマの信徒への手紙の中で「実に、信仰は聞くことにより、しかも、キリストの言葉を聞くことによって始まるのです」（10・17）と述べています。しかし、どんなに良い立派な教えでも、聞くだけで終わってしまったら何にもなりません。よく「馬耳東風《ばじとうふう》」とか、「馬の耳に念仏」などと言いますが、聞いてもそれを理解し、心に留めなければ意味がありません。また、たとえ聞いて心が動かされたとしても、それを実際の生活に生かさなければ、虚しいのです。「聞いて行う」ということは、聞いた言葉を、自分の生活の中に取り入れて「生きる」ということを意味します。

主イエスは、弟子たちとそれを取り囲む大勢の群衆に、「神の国の福音」を語り、最後に、この聞いたことを行うのか、聞くだけで行わないのか、と問われたのです。み言葉への応答には、この二つの選択肢しかありません。中途半端なあいまいさを赦さないのです。信じるか、信じないのか、聞いて行うのか、行わないのか。それによって、道がはっきりと分かれるのです。

主イエスは、13節で、「狭い門から入りなさい。滅びに通じる門は広く、その道も広々として、そこから入る者が多い。しかし、命に通じる門は何と狭く、その道も細いことか。それを見出す者は少ない」と言われました。私たちの前には、み言葉を「聞いて行う」「狭い門」と、み言葉を「聞いても行わない」「広い門」とがあり、どちらを選ぶかが、問われているのです。

「門」は眺《なが》めるためにあるのではありません。また「道」は、地図でなぞるだけでは意味がありません。その門をくぐり、その道を実際に踏みしめて歩くことによって、目的地に達するのです。主イエスは、ヨハネ福音書で「わたしは門である」(10・9)と語り、「わたしは道である」(14・6)と言われたように、「わたしを通り、わたしに従って、永遠の命を得るように」と、私たちを招いておられるのです。

「キリスト教」は、単なる「教え」ではなく「道」なのです。この道を伝えることを

「伝道」と言い、その道を求めることを「求道」と言うのはそのためです。「求道者」という言葉は、普通、教会に来ていても、まだ洗礼を受けていない人たちのことを指しますが、厳密には、主イエスのみ言葉に聴き従う全ての人を指す言葉だと思います。私たちは皆、道の途上にあって、道を求め続けている者だからです。

私たちは、よく「み言葉を学ぶ」と言いますが、「学ぶ」とは真似《まね》るという意味の「まねぶ」から来ていると言われます。主の言葉を、単に知識として理解するだけでなく、心で受け止めて、体で主に従い、その生き方に倣《なら》う（真似る）ことが大切なのです。

これまで「山上の説教」を共に学んできて、改めて深く思わされたことは、主イエスの教えの一言一句に、主イエスご自身の生と死が深く関わっているということです。冒頭の「幸いである」という祝福の言葉にしても、「地の塩・世の光」としてのあり方にしても、「敵を愛し、迫害する者のために祈れ」との教えにしても、すべて主イエスご自身が、身をもって生きられた言葉です。主イエスは、この説教全体を通して、「わたしに倣い、十字架を負ってわたしに従って来なさい」と呼び掛けておられるのです。

主イエスは、「わたしのこれらの言葉を聞いて行う者」を「岩の上に自分の家を建てた賢い人に似ている」と言われました。この「岩」とは、固く不動なものを意味する言葉です。聖書でこの「岩」は、しばしば、主なる神を賛美する言葉として用いられています。例えば詩編18には、「主よ、わたしの岩、砦《とりで》、逃れ場　／わたしの神、大岩、避けどころ……」（3節）と歌われ、イザヤ書26章には「どこまでも主に信頼せよ、主こそはとこしえの岩」（4節）と記されています。主イエスが「岩の上に自分の家を……」と述べられた背後には、〈わたしのこれらの言葉を聞いて行うことこそ、主なる神を土台とする堅固な生き方である〉という思いが込められていたのです。

後に、主イエスは、ご自身の十字架の死と復活を予告して、「家を建てる者の捨てた石、これが隅《すみ》の親石《おやいし》となった。これは、主がなさったことで、わたしたちの目には不思議に見える」（マタイ21・42）と言われました。これは詩編（118・22－23）の引用ですが、この言葉は、後にペトロも使徒言行録の中で、イエス・キリストの証言として、「この方こそ、『あなたがた家を建てる者に捨てられたが、隅の親石になった石』です」（4・11）と引用しています。「隅の親石」とは、石造家屋の礎石《そせき》のことです。この世の権力によって捨てられ、十字架に掛けられた主イエスが、父なる神によって甦《よみがえ》らされ、この世を根底から支える礎石なった、というキリスト賛歌でもあります。主イエス・キリストは、私たち一人一人の拠《よ》りどころである「岩」であると同時に、教会の「土台」（コリント一3・11他）

であり、世界の「親石」（礎石）でもあるのです。

今、世界は、ウクライナとロシアの戦争に加え、アメリカと中国など至る所に紛争の緊張が高まり、日本の国もまた戦争に備えての軍備拡大を進めています。一方また、地球温暖化や疫病の蔓延、大震災、原発や核兵器の危機など、根底から揺さぶられています。教会も揺らぎ、私たちの人生も不安や恐れ、さまざまな思い煩いの中に揺れています。私たちはどこに立つのか、何を土台として歩むのか、問われているように思います。

今こそ私たち一人一人が、しっかりとイエス・キリストという土台の上に立ち、揺るぎのない主の教会を形成し、この世に、神の愛に基づく和解と平和が実現するために祈り労さなければなりません。そのためにも、一人一人が、日々、主のみ言葉に聞き従い、「地の塩・世の光」としての使命を果たしていきたいと願います。

28節―29節は、「山上の説教」を聞いた群衆の反応です。「イエスがこれらの言葉を語り終えられると、群衆はその教えに非常に驚いた。彼らの律法学者のようにではなく、権威ある者としてお教えになったからである」と結ばれています。

長く続いた主イエスの説教は、群衆に、「非常な驚き」を与えました。その驚きは、「律法学者のようにではなく、権威ある者としてお教えになったから」です。当時、最も権威をもって人々に教えを説いていたのは、「律法学者」たちでした。彼らは「律法」の権威をかさに着て、高圧的な姿勢で人々に神の掟《おきて》を語り、人々を裁いていました。しかし、群衆は、主イエスの説教を聞いて、律法学者とは全く違う「真の権威」を悟ったのです。主イエスの権威は、上から押しつけるような権威ではなく、人々に寄りそい、人々の弱さを共に担われる権威でした。口先だけの威圧的な言葉ではなく、自らの生き方からにじみ出た真実な言葉でした。小さき者を排除する権威ではなく、すべての人を愛をもって受け入れる権威でした。私たちも、律法学者のような〝権威主義〟に陥《おちい》らないように自らを戒め、主の権威の前に謙虚にへりくだり、主に倣って「小さくされている人々」と共に歩む者でありたいと願います。

あとがき――説教集の出版にあたって

私はこれまで、自分の説教集を出版するなど、ほとんど考えたこともありませんでした。多くの優れた説教者たちが優れた説教集を出版する中で、自分のようなものが説教集を出す意味を感じなかったからです。そんな私が、敢えてこのような説教集を出版する決意をするようになったのには、以下のような経緯があります。

私は昨年（2022年）、85歳になり、55年間仕えてきた日本基督教団の教師を隠退しました。それまでいつも健康を守られ、隠退後も無牧の教会から頼まれて、月1回の礼拝説教の奉仕をさせていただいていました。ところが今年1月、突然高熱が出て自宅で倒れ、救急車で病院に搬送されました。肺のリンパ腺が腫れて、肺がんの恐れがあるとのことでした。しかし、幸いガンではなく急性肺炎で、3か月余自宅で療養いたしました。そのような病との闘いの中で、私は、いよいよ自分の最期の時が来たかと覚悟し、伝道者として生涯を終えられることを主に感謝すると共に、何らかの形で「最後の証し」を立てたいという思いにかられました。伝道者としてまだやり残した課題があると思ったからです。

幸い、病は回復に向かいましたので、生かされた恵みを主に感謝し、最近の説教の中から、主イエスの「山上の説教」を講解した部分を整理して一冊の本にまとめることにしました。少しでも主の栄光のために役立つならば、との願いからです。「山上の説教」については、すでに多くの優れた解説書、説教集が出版されており、「今さら」というためらいもありましたが、私にはかねてから「山上の説教」に対する特別のこだわりがありました。

私が神学校に入って最初に手にした神学書の一つが、ボンヘッファーの *Nachfolge*（「服従」、邦訳は『キリストに従う』）でした。故・井上良雄先生のご指導でこの書を原書で読みながら、私は、「安価な恵み」に安住している自分の信仰を問われ、主に招かれて従う者の「高価な恵み」に目を開かれる思いがしました。ボンヘッファーはその書の中で、キリストに従う者の具体的な指針として、「山上の説教」を取り上げ、講解しています。私はそれまで、「山上の説教」を、「厳しく美しい主イエスの講話」のようにしか読んでいませんでしたが、この書を通して、それが十字架と復活の主イエス・キリストの招きの言葉であり、「主に従う道」であることを示され、改めて「山上の説教」の今日的な意義を痛感させられました。そのような経緯から、私は卒業時の修士論文のテーマを『山上の説教』の編集史的考察」と定め、少しでも主イエスの説教の意図を探りたいと模索しました。「今、いかに主に従うか」という、主の恵みへの応答の課題は、その後の私の伝道牧会の中で、たえず問い続けられたことでした。神学校卒業後、私は大阪教会の伝道師を皮切りに、金沢元町教会、弘前教会、浦和東教会、所沢みくに教会で牧師として奉仕させていただき、その間、埼玉和光教会、最後に和戸教会、七里教会で各1年間代務者として奉仕させていただき、隠退後の現在も無牧のベウラ教会で月一回説教させていただいています。このいずれの教会においても、「山上の説教」を部分的に、あるいは全体を講解説教させていただきました。共に、主に従う「高価な恵み」にあずかりたいと願ったからです。本書に掲載した説教は、ごく最近の説教に手を加えたものです。

日本のキリスト者の信仰の「体質」として、しばしば、信仰と生活が乖離し、教会が社会から遊離し孤立していることが指摘され、「二元主義」とか「平行主義」と呼ばれてきました。近年、この傾向はますます顕著になり、信仰が個人的内面的な関心に集中され、他者への配慮や、社会や国家の問題に対して無関心になりつつあるような気がしてなりません。これは主イエスが「山上の説教」で語られた「地の塩・世の光」としての教会のあり方に逆行しているのではないでしょうか。

今、世界は核戦争への危機を深め、わが国もまた「平和憲法」を無視して、敵基地攻撃能力を持つ軍事大国化を目指しつつあります。また、経済優先の政策の中で、弱い立場の人たちの命や人権が無視されているように思います。このような状況の中で、改めて主イエスの「山上の説教」に耳を傾け、世にある教会のあり方、主の招きに応えて主に従う私たちのあり方を真剣に追い求める必要があるように思います。日本の教会が「世のための教会」として、ますます主の栄光を現わすようになるためです。

「説教は、み言葉を語る者と聴く者との共同の労作である」と言われます。その意味で本書は、これまでお仕えし、共に主のみ言葉にあずかってきたすべての教会の皆様との共同の労作です。つたない僕《しもべ》の語る言葉に耳を傾け、育て支えて下さったそれぞれの教会の姉妹・兄弟方に心から感謝いたします。

また、病床にある時、常に励まし支え、本書の出版を応援してくれた妻や娘・息子たちに感謝します。さらにまた、出版にあたって、便宜をはかり尽力して下さった新教出版社の小林望社長の労に心から感謝します。

２０２３年６月　　最上光宏

著者　最上光宏（もがみ・みつひろ）
1937年 青森県八戸市生まれ。明治薬科大学卒業、1963年 東京神学大学編入学、1967年 同大学院修士課程修了。日本基督教団教師として、1967-69年 大阪教会、69-81年 旧・金沢彦三教会（現・金沢元町教会）、81-98年 弘前教会、98-2007年 浦和東教会、07-20年 所沢みくに教会で奉職。いったん隠退後、復帰。和戸教会、七里教会で代務。22年 再隠退。現在 狭山教会に出席。
現住所：〒359-1132 埼玉県所沢市松が丘1-34-10
E-mail: mogami1010@gmail.com

命に通じる道
「山上の説教」講解説教

2023年8月31日　第1版第1刷発行

著　者……最上光宏

発行者……小林　望
発行所……株式会社新教出版社
〒162-0814 東京都新宿区新小川町9-1
電話（代表）03（3260）6148
振替 00180-1-9991
印刷・製本……モリモト印刷株式会社

ISBN 978-4-400-52114-3　C1016